新课改·中等职业学校会计专业实训系列教材

会计模拟综合实训

李福林 陈莉丽 林祖德 编

清华大学出版社

北京

内 容 简 介

本书以企业的实际经济业务为实训资料，运用会计工作中的证、账等对会计核算的各步骤进行系统操作实验，包括账簿建立和月初余额的填制，原始凭证、记账凭证的审核和填制，各种账簿的登记、对账、结账等。

本书可以作为中等职业学校会计和会计电算化专业的实训教材。

本书封面贴有清华大学出版社防伪标签，无标签者不得销售。
版权所有，侵权必究。侵权举报电话：010-62782989　13701121933

图书在版编目（CIP）数据

会计模拟综合实训/李福林，陈莉丽，林祖德编. -- 北京：清华大学出版社，2013（2015.2 重印）
新课改·中等职业学校会计专业实训系列教材
ISBN 978-7-302-32846-9

Ⅰ. 会…　Ⅱ. ①李…　②陈…　③林…　Ⅲ. ①会计学—中等专业学校—教材　Ⅳ. ①F230

中国版本图书馆 CIP 数据核字（2013）第 136571 号

责任编辑：张　弛
封面设计：常雪影
责任校对：刘　静
责任印制：何　芊

出版发行：清华大学出版社
　　　　网　　　址：http://www.tup.com.cn，http://www.wqbook.com
　　　　地　　　址：北京清华大学学研大厦 A 座　　　邮　　编：100084
　　　　社 总 机：010-62770175　　　　　　　　　邮　　购：010-62786544
　　　　投稿与读者服务：010-62776969，c-service@tup.tsinghua.edu.cn
　　　　质 量 反 馈：010-62772015，zhiliang@tup.tsinghua.edu.cn
印 装 者：保定市中画美凯印刷有限公司
经　　销：全国新华书店
开　　本：185mm×260mm　　　印　　张：16.25　　　字　　数：208 千字
版　　次：2013 年 7 月第 1 版　　　　　　　　　　印　　次：2015 年 2 月第 2 次印刷
印　　数：3001～4000
定　　价：32.00 元

产品编号：054659-01

Foreword

前言

　　对职业院校来说，会计专业是一个对实践操作动手能力要求较高的专业。为了加强理论联系实际，锻炼学生实际操作技能和综合分析能力，提高教学质量，也为了解决目前大批量学生无法到企业单位实习的困难。编者根据多年从事会计教学、会计业务处理以及指导学生实习的经验和体会，依照财政部颁布的《企业会计准则》和《企业会计准则应用指南》的要求，为职业院校会计及相关专业的学生编写了这本《会计模拟综合实训》。

　　《会计模拟综合实训》的特点是系统性强，强调以实务为主，本书取材于一个制造企业的实际经济业务，并根据该企业大量真实的核算资料分析、筛选、补充编写而成。本书的经济业务的原始凭证均来源于该企业实际发生的主要经济业务，真实且实用。学生参加实训后，完成规定的实训内容，可以熟悉会计业务的实际操作，实现会计理论和实际工作的衔接。实训学习可以让学生在毕业后的实际工作中更快地适应职业要求。

　　本书按照会计操作流程设置内容，主要内容包括：建账，原始凭证的填制，原始凭证的审核，复式记账凭证的填制，记账凭证的审核，总账、三栏式和多栏式明细账登记，日记账的登记，存货明细账的登记，记账规则与结账，科目汇总表账务处理程序，会计报表的编制。这种内容设置可以让学生系统且全面地以实际的公司业务发生情况进行实训。

　　由于编者学识水平有限，本书难免存在不当或是疏漏之处，恳望读者批评指正，以便本书修订时补充提高。

编　者

2013 年 5 月

Contents

目录

第一部分 实训总括

一、实训目的

实训的目的在于使学生掌握会计核算的基本技能，提高核算能力，包括审核原始凭证的能力，编制和汇总记账凭证的能力，登记账簿的能力，编制会计报表的能力，查账、对账的能力。培养学生严谨、细致、一丝不苟的工作作风。

二、实训要求

（一）对指导教师的要求

(1) 指导教师根据本实训方案的内容及要求，组织和指导所在班级学生进行实训，负责实训工作。

(2) 指导教师在学生实训操作前，必须做好准备工作，包括：准备好学生实训操作用的记账凭证、账簿以及各种报表等资料；写好组织指导学生实训操作的教案等。

(3) 指导教师必须认真地对学生进行指导，对学生提出的问题及时给予解决。

(4) 指导教师在学生实训操作结束后，应对学生提交的实训结果认真进行评审，并评定成绩。

（二）对实训学生的要求

(1) 在实训操作前，必须做好一切准备工作，具体内容包括：全面复习所学的《会计学基础》、《财务会计》和《成本会计》等教材的内容；熟悉《企业会计准则讲解》和《企业会计准则应用指南》的规定；准备好实训操作所需的用品和用具等。

(2) 每人发放一套实训操作资料和凭证账表。

(3) 必须严格遵守实训进程，不得无故缺课。必须服从指导教师的管理，按实训进度和操作要求独立、认真地进行实训操作。

(4) 在实训操作过程中，必须做到书本知识和实训操作内容相结合；独立操作与教师指导相结合；锻炼财会思想意识与提高核算技能相结合。

(5) 必须根据实训内容及要求，按质按量全面完成实训任务。

(6) 在实训结束后必须写出个人实习小结。

第二部分

企业基本情况

1. 实训企业基本情况

企业名称：台州市阳明机械制造有限公司（浙江省阳明机械制造总公司台州分公司）

地址：台州温岭青松路

联系电话：81865358

法人代表：王阳林

企业类型：有限责任公司

企业代码：6598745

税务登记号：4414021968102388

注册资本：1000万元

开户银行：中国工商银行台州市支行城东分理处

开户账号：120707564563456

2. 台州市阳明机械制造有限公司财务部人员基本情况

会计主管：林芬；会计：张敏，周建，赵平，崔岩；出纳：崔敏，许长春。

3. 公司简介

台州市阳明机械制造有限公司坐落于浙江省台州市，占地100亩，创办于1998年，专业研发生产轴承系列产品，产品主要销往北京、江苏等地。2010年销售收入约1亿元，净利润1080万元，税收985万元，总资产4850万元，员工160人。

公司生产检测设备齐全，其中螺杆器、磨床等专用高级设备均从日本、意大利等国家进口。公司按照ISO 9001建立并保持质量管理体系，确保提供让客户满意的产品。

公司致力于推动国家产业进步，形成了具有特色的企业文化，建有一套完善的销售服务网络，目前已取得自营出口资格证，产品将销往国际市场。企业品牌知名度高，已被评为重点示范企业，正在力创中国名牌。

第三部分
时间安排和考核标准

一、实习进度表

第 1～2 节　主讲教师进行实习动员，介绍实习方案中的有关实习内容，并提出相关的要求。

第 3～4 节　根据台州市阳明机械制造有限公司 11 月 30 日的期末资料，按要求开设 12 月 1 日的总账和明细账的期初余额。

第 5～6 节　识别台州市阳明机械制造有限公司 1～10 日的原始凭证，编制记账凭证。

第 7～8 节　学生练习识别 1～10 号原始凭证及编制记账凭证。

第 9～10 节　审核记账凭证，建立 T 字账户，编制上旬的记账凭证汇总表。

第 11～12 节　根据上旬的记账凭证汇总表登记总账，根据记账凭证或所附的原始凭证，登记明细账和日记账，并将上旬的总账与明细账的余额进行核对。

第 13～15 节　要求学生建立 T 字账并编制上旬的记账凭证，登记明细账和日记账，并将上旬的总账与明细账的余额进行核对。

第 16～19 节　识别台州市阳明机械制造有限公司 11～20 日的原始凭证，编制记账凭证。

第 20～22 节　学生练习识别 11～20 号原始凭证及编制记账凭证。

第 23～24 节　审核记账凭证，建立 T 字账户，编制中旬的记账凭证汇总表。

第 25～27 节　根据中旬的记账凭证汇总表登记总账，根据记账凭证或所附的原始凭证登记明细账和日记账，并将中旬的总账与明细账的余额进行核对。

第 28～29 节　要求学生建立 T 字账并编制上旬的记账凭证，登记明细账和日记账，并将中旬的总账与明细账的余额进行核对。

第 30～59 节　识别台州市阳明机械制造有限公司 21～31 日的原始凭证，编制记账凭证。

第 60～70 节　学生练习识别 21～30 号原始凭证及编制记账凭证。

第 71～73 节　审核记账凭证，编制下旬的记账凭证汇总表。

第 74～75 节　根据下旬的记账凭证汇总表登记总账，根据记账凭证或所附的原始凭证，登记明细账和日记账，并将下旬的总账和明细账余额进行核对。

第 76～78 节　要求学生建立 T 字账并编制上旬的记账凭证，登记明细账和日记账，并将下旬的总账与明细账的余额进行核对。

第 79～84 节　编制总账余额试算平衡表，编制资产负债表、利润表和现金流量表。

第 85～86 节　对 12 月份的总账账户和明细账进行月末结账。

第 87～98 节　要求学生完成月末结账、装订凭证、整理账簿、个人小结、上交凭证账表。

二、成绩考核标准

实训结束后，应本着客观、公正的原则对学生的实习操作进行考核，具体可考核以下几项。

（1）考核学生在实习操作中的工作态度。

（2）考核学生在实习操作过程中的出勤情况。

（3）考核学生在实习操作的成绩，按百分制进行评定。

（4）成绩评定标准：满分 100 分。编制记账凭证 30 分，记账 10 分，登账 10 分，成本计算 10 分，试算平衡 10 分，编制会计报表 20 分，装订 10 分。

（5）对实习操作成绩不及格者，必须利用业余时间再进行实习操作，直到评审合格。

三、实训操作需用的凭证账表名称及数量

序号	材 料 名 称	每人实际用量	每人发放张数	备 注
1	收款凭证	15	18	每张 1 页
2	付款凭证	46	50	每张 1 页
3	转账凭证	80	85	每张 1 页
4	记账凭证汇总表	7	8	每张 1 页
5	记账凭证封面	3	3	包底面
6	总账	57	57	每张 2 页
7	现金日记账	1	1	每张 2 页
8	银行存款日记账	2	2	每张 2 页
9	材料、产品明细账	16	18	每张 2 页
10	材料采购明细账	8	9	每张 2 页
11	材料成本差异明细账	8	9	每张 2 页
12	生产成本明细账	2	3	每张 2 页
13	固定资产明细账	3	4	每张 2 页
14	管理费用明细账	3	4	每张 2 页
15	销售费用明细账	1	2	每张 2 页
16	财务费用明细账	1	2	每张 2 页
17	制造费用明细账	2	3	每张 2 页
18	三栏式明细账	95	100	每张 2 页
19	增值税纳税申报表	1	2	每张 2 页
20	营业纳税申报表	1	2	每张 1 页
21	城市维护建设税纳税申报表	1	2	每张 1 页
22	企业所得税年度纳税申报表	1	2	每张 1 页
23	总分类账户余额试算平衡表	2	2	每张 1 页
24	资产负债表	1	2	每张 1 页

序号	材 料 名 称	每人实际用量	每人发放张数	备 注
25	利润表	1	2	每张 1 页
26	所有者权益变动表	1	2	每张 1 页
27	现金流量表	1	2	每张 1 页
28	会计报表封面	1	1	包底面
29	回形针	1	1	每盒 100 个
30	文件袋	1	1	
	合　计	363	399	每套账

四、时序操作评分表

学号	姓名	编制凭证 30 分	设账 10 分	登账 10 分	成本核算 10 分	试算平衡 10 分	会计报表 20 分	装订 10 分	总分

评分教师：　　　　　　　　　　　　　　评分日期：　　　　　　年　月　日

第四部分

操作要求

一、实训要求

会计模拟综合实训以《企业会计准则讲解》和《企业会计准则应用指南》为依据，以《会计学基础》、《财务会计》和《成本会计》课程的教材内容为基础，根据台州市阳明机械制造有限公司 2012 年 12 月份发生实际业务时所取得的原始凭证为实习操作内容。

（一）台州市阳明机械制造有限公司的核算形式

(1) 存货采用计划成本核算，平时采购入库的材料成本差异不分项结转，在月末一次汇总结转；但委托加工及对外投资时，要及时结转差异；平时销售产品的成本不分项结转，在月末一次汇总结转。

(2) 生产成本项目分为直接材料、直接工资、制造费用。

(3) 设有一个基本生产车间，生产 6202 轴承、6203 轴承两种产品。

(4) 设修配车间和辅助生产车间。

(5) 辅助生产车间不设"制造费用"账户，发生在辅助生产车间的制造费用直接记入"辅助生产成本"账户。

(6) 辅助生产费用采用直接分配法进行分配。

(7) 生产类型为大量大批单步骤生产。

(8) 成本计算方法采用品种法。

(9) 完工产品与月末在产品费用采用约当产量法进行分配。

(10) 会计核算形式采用科目汇总表核算形式（每旬一次汇总表登记账簿）。

(11) 在中国工商银行台州市城东支行开设银行结算账户，银行结算账号 120707564563456。

(12) 增值税纳税人为一般纳税人企业，增值税适用税率为 17%。

(13) 采用备抵法核算坏账损失，提取比率为 4%。

（二）会计核算的财务处理

(1) 识别和整理原始凭证；

(2) 编制记账凭证；

(3) 开设并登记明细账和日记账；

(4) 编制记账凭证汇总表；

(5) 开设并登记总分类账户；

(6) 月末结账；

(7) 编制会计报表。

二、实训流程

（一）开设总账（建账）

根据"台州市阳明机械制造有限公司总账及明细账 2012 年 12 月 1 日期初余额表"中所列的总账科目分别开设对应的总账，并将各科目的期初余额登记在余额栏。

说明：

本账页数：总分类账是订本式的，本页在总账簿中位第几页；

本户页数：本页的总账科目有若干页，本页是第几页；

时间：可统一填 2012 年 12 月 1 日；

凭证编号：记账凭证的类型和编号，如收 1、付 2、转 3、汇 1 等，此处不填；

摘要：对业务的间断描述，也就是换页时，先在本页的最后一行的摘要填"过次页"，再在下一页的第一行填"承前页"，也可以直接在下一页的第一行填"承前页"；

借方、贷方：余额的方向是借还是贷；

余额：期初或期末余额；

核对号：对账时，如某行已对过账，做一记号"√"。

（二）开设明细分类账（建账）

根据"台州市阳明机械制造有限公司总账及明细账 2012 年 12 月 1 日期初余额表"中所列的明细科目分别开设对应的明细分类账，其中"库存现金"和"银行存款"两个科目分别开设日记账，而不用开设明细账，并将各科目的期初余额登记在余额栏。

说明：

账号：月末明细分类账为订本式，此页为账簿的第几页，此处可不写；

页数：本级明细分类账共有的页数；

总页数：本级明细分类账共有的页数。

其他各项与总账相同，见明细分类账的示范。

（三）上旬经济业务的处理

1. 根据上旬的原始凭证编制记账凭证

根据台州市阳明机械制造有限公司 2012 年 12 月 1~10 日的原始凭证第 1~62 号，运用所学的财务会计、成本会计等原理，根据会计制度的规定，逐一编制记账凭证。

2. 根据原始凭证和记账凭证逐一登记明细账和日记账

凡在所编制的记账凭证中有明细科目的，都应根据原始凭证和记账凭证逐一登记在其明细账上，如是现金和银行存款则应逐笔登记在日记账上。

各明细账所登记的账簿是有区别的。

(1) 无数量单价、只有金额的明细科目，登记在三栏式明细分类账上；

(2) 有数量单价金额的材料、产成品、包装物、低值易耗品等存货类明细科目，登记

在材料、产品明细账上;

(3)"材料采购"科目下属的明细科目,登记在材料采购明细账上;

(4)"材料成本差异"科目下属的明细科目,登记在材料成本差异明细账上;

(5)"固定资产"科目下属的明细科目,登记在固定资产明细账上;

(6)"生产成本"科目下属的明细科目,登记在生产成本的明细账上;

(7)"制造费用"、"管理费用"、"销售费用"、"财务费用"等费用类科目,分别登记在对应的明细账上;

(8)"应交税费"科目下属的明细科目,登记在应交税费明细账上;

(9)"库存现金"科目,登记在现金日记账上;

(10)"银行存款"科目下属的明细科目,登记在银行存款日记账上。

见第一笔业务登记明细账的示范。

3. 编制上旬的记账凭证汇总表

因采用科目汇总表记账程序,为此,应按一定时期(此处以 10 天)对本时期内的所有一级(总账)科目,按借方发生额和贷方发生额分别进行汇总,编制成记账凭证汇总表。

见上旬记账凭证汇总。

4. 登记上旬的总账

根据上旬的记账凭证汇总表,将各总账科目的借方发生额和贷方发生额分别登记在对应的总账上。其中,

月日:12 月 10 日;

凭证编号:汇总 1;

摘要:填写"汇总登记 1~10 日凭证";

借方、贷方:按汇总表中的金额如实填写;

借或贷:按余额的方向填写;

余额:按月初余额与本旬的借方和贷方发生额计算得出。

见"银行存款"科目的示范。

(四)中旬经济业务的处理

1. 根据中旬的原始凭证编制记账凭证

根据教材台州市阳明机械制造有限公司 2012 年 12 月 11~20 日的原始凭证第 62~116 号,运用所学的财务会计、成本会计等原理,根据会计制度的规定,逐一编制成记账凭证。

2. 根据原始凭证和记账凭证逐一登记明细账和日记账

凡在所编制的记账凭证中有明细科目的,都应根据原始凭证和记账凭证逐一登记在其明细账上,如是现金和银行存款则应逐笔登记在日记账上。

各明细账所登记的账簿是有区别的,详见上旬说明。

3. 编制中旬的记账凭证汇总表

因采用科目汇总表记账程序,为此,应按一定时期(此处以 10 天)对本时期内的所有一级(总账)科目,按借方发生额和贷方发生额分别进行汇总,编制成记账凭证汇总表。

见中旬记账凭证汇总。

4. 登记中旬的总账

根据中旬的记账凭证汇总表，将各总账科目的借方发生额和贷方发生额分别登记在对应的总账上。其中，

月日：12月20日；

凭证编号：汇总2；

摘要：填写"汇总登记11～20日凭证"；

借方、贷方：按汇总表中的金额如实填写；

借或贷：按金额的方向填写；

余额：按上旬的期末余额与本旬的借方和贷方发生额计算得出。

见"银行存款"科目的示范。

（五）下旬经济业务的处理

1. 根据下旬的原始凭证编制记账凭证

根据台州市阳明机械制造有限公司2012年12月21～31日的原始凭证第116～226号，运用所学的财务会计、成本会计等原理，根据会计制度的规定，逐一编制成记账凭证。

2. 根据原始凭证和记账证逐一登记明细账或日记账

凡在所编制的记账凭证中有明细科目的，都应根据原始凭证和记账凭证逐一登记在其明细账上，如是现金和银行存款则应逐笔登记在日记账上。

各明细账所登记的账簿是有区别的，详见上旬说明。

3. 编制下旬的记账凭证汇总表

因采用科目汇总表记账程序，为此，应按一定时期（此处10天）对本时期内的所有一级（总账）科目，按借方发生额和贷方发生额分别进行汇总，编制成记账凭证汇总表。

见下旬记账凭证汇总。

4. 登记下旬的总账

根据下旬的记账凭证汇总表，将总账科目的借方发生额和贷方发生额分别登记在对应的总账上。其中，

月日：12月31日；

凭证编号：汇总3；

摘要：填写"汇总登记21～31日凭证"；

借方、贷方：按汇总表中的金额如实填写；

借或贷：按余额的方向填写；

余额：按中旬的期末余额与本旬的借方和贷方发生额计算得出。

见"银行存款"科目的示范。

（六）总账与明细账核对（对账）

为了避免记账的错误，应将总账与其所属的日记账和明细账进行逐笔核对，保证各总账与其所属的日记账和明细账金额相符。

对账时，应保证总账的本期借贷方发生额、期末余额，与其所属各明细账的本期借贷方发生额合计、期末余额合计完全相符，且方向一致。

（七）编制总账本期发生额和余额的试算平衡表

根据会计恒等原理，可利用各总账下列关系进行试算平衡：

全部总账账户的本期借方发生额合计=全部总账账户的本期贷方发生额合计

全部总账账户的期末借方余额合计=全部总账账户的期末贷方余额合计

（八）结账

结账是指在将本期内所发生的经济业务全部登记入账的基础上，对该期内的账簿记录进行小结，累计出各总账和明细账（包括日记账，下同）本期发生额合计和期末余额，并将其余额结转至下期或者转入新账。

将各总账和明细账累计出本月发生额和计算出月末余额后，在"摘要"栏中填写"本月合计"，在下面画通栏单红线；在 12 月末，还要累计出本年累计发生额和年末余额，并在"摘要"栏中填写"本年合计"字样，在下面画通栏双红线，表示已年结。

（九）编制会计报表

期末，应根据登记完整、核对无误的账簿记录及试算平衡表等资料，按照会计报表的编制方法编制会计报表。

应编制的会计报表有资产负债表、利润表、所有者权益变动表和现金流量表等。

（十）实习总结

实习结束时，实习学生应对本次实习操作写出实习总结，字数不少于 1000 个，可揭示如下内容。

(1) 实习操作的收获与体会。

(2) 对实习操作与书本理论知识差异的感触。

(3) 对实习操作过程的描述。

(4) 指出此类实习操作的不足之处和改进意见。

(5) 对实习企业——台州市阳明机械制造有限公司的财务情况进行分析等。

第五部分

实训所需的凭证、账表样式

一、样式清单

（一）记账凭证

收款凭证、付款凭证、转账凭证和记账凭证汇总表。

（二）账簿

总账	现金日记账	银行存款日记账
三栏式明细账	材料、产品明细账	材料采购明细账
材料成本差异明细账	固定资产明细账	生产成本明细账
制造费用明细账	管理费用明细账	销售费用明细账
财务费用明细账	应交税费（增值税）明细账	

（三）会计报表

总分类账户余额及发生额试算平衡表　资产负债表（企业 01 表）

利润表（企业 02 表）　现金流量表（企业 03 表）　所有者权益变动表（企业 04 表）

二、取得方式

对本书所需用到的凭证、各类账表和会计报表，可以用以下方式取得。

(1) 将本书所附的空白凭证、账表直接剪下或按用量进行复印。

(2) 在当地的会计用品用具商店或百货商店购置。

(3) 对本书未列的用表可自行制作。

资产负债表

企业 01 表

编制单位：　　　　　　　　　　　年　月　日　　　　　　　　　单位：元

资　　产	期末余额	年初余额	负债及所有者权益	期末余额	年初余额
流动资产：			流动负债：		
货币资金			短期借款		
短期投资			应付票据		
应收票据			应付账款		

资　　产	期末余额	年初余额	负债及所有者权益	期末余额	年初余额
应收股利			预收账款		
应收利息			应付职工薪酬		
应收账款			应付福利费		
其他应收款			应付股利		
预付账款			应交税费		
应收补贴款			其他应交款		
存货			其他应付款		
待摊费用			预提费用		
一年内到期的长期债权投资			预计负债		
其他流动资产			一年内到期的非流动负债		
流动资产合计			其他流动负债		
长期投资：			流动负债合计		
长期股权投资			长期负债：		
长期债权投资			长期借款		
长期投资合计			应付债券		
固定资产：			长期应付款		
固定资产原价			专项应付款		
减：累计折旧			其他长期负债		
固定资产净值			长期负债合计		
减：固定资产减值准备			递延税项：		
固定资产净额			递延税款贷项		
工程物资			负债合计		
在建工程			所有者权益（或股东权益）		
固定资产清理			实收资本（或股本）		
固定资产合计			减：已归还投资		
无形资产及其他资产：			实收资本（或股本）净额		
无形资产			资本公积		
长期待摊费用			盈余公积		
其他长期资产			未分配利润		
非流动资产合计			所有者权益合计		
资产合计			负债及所有者权益合计		

利 润 表

编制单位：　　　　　　　　　　　　　　年 月　　　　　　　　　　　　　单位：元

项　　目	本期余额	本年累计
一、主营业务收入		
减：主营业务成本		
营业税金及附加		
销售费用		
管理费用		
财务费用		
资产减值损失		
加：公允价值变动收益（损失"－"号填列）		
投资收益（损失以"－"号填列）		
其中：对联营企业和合营企业的投资收益		
二、营业利润（亏损以"－"号填列）		
加：营业外收入		
减：营业外支出		
其中：非流动资产处置损失		
三、利润总额（亏损总额以"－"号填列）		
减：所得税费用		
四、净利润（净亏损总额以"－"号填列）		
五、每股收益		
（一）基本每股收益		
（二）稀释每股收益		

现 金 流 量 表

编制单位：　　　　　　　　　　　　年　月　　　　　　　　　　　　单位：元

项　　目	本期金额	上期金额
一、经营活动产生的现金流量		
销售商品、提供劳务收到的现金		
收到的税费返还		
收到其他与经营活动有关的现金		
经营活动现金流入小计		
购买商品、接受劳务支付的现金		
支付给职工以及为职工支付的现金		
支付的各项税费		
支付其他与经营活动相关的现金		
经营活动现金流出小计		
经营活动产生的现金流量净额		
二、投资活动产生的现金流量		
收回投资收到的现金		
取得投资收益收到的现金		
处置固定资产、悟性资产和其他长期资产收回的现金净额		
处置子公司及其他营业单位收到的现金净额		
收到其他与投资活动有关的现金		
投资活动现金流入小计		
购建固定资产、无形资产和其他长期资产收回的现金净额		
投资支付的现金		
取得子公司及其他营业单位支付的现金净额		
支付其他与投资有关的现金		
投资活动现金流出小计		
投资活动产生的现金流量净额		
三、筹资活动产生的现金流量		
吸收投资收到的现金		
取得借款收到的现金		
收到其他与筹资活动有关的现金		
筹资活动现金流入小计		
偿还债务支付的现金		
分配股利、利润或偿付利息支付的现金		
支付其他与筹资活动有关的现金		

项　目	本期金额	上期金额
筹资活动现金流出小计		
筹资活动产生的现金流量净额		
四、汇率变动对现金及现金等价物的影响		
五、现金及现金等价物净增加额		
加：期初现金及现金等价物余额		
六、期末现金及现金等价物余额		

所有者权益变动表

编制单位：　　　　　　　　　　　　年度　　　　　　　　　　　　　　单元：元

项　目	本 年 金 额						上 年 金 额					
	实收资本（或股本）	资本公积	减：库存股	盈余公积	未分配利润	所有者权益合计	实收资本（或股本）	资本公积	减：库存股	盈余公积	未分配利润	所有者权益合计
一、上年年末余额												
加：会计政策变更												
前期差错更正												
二、本年年初余额												
三、本年增减变动金额（减少以"—"号填列												
（一）净利润												
（二）直接计入所有者权益的利得和损失												
1. 可供出售金融资产公允价值变动净额												
2. 权益法下被投资单位其他所有者权益变动的影响												
3. 与计入所有者权益项目相关的所得税影响												
4. 其他												
上述（一）和（二）小计												
（三）所有者投入和减少资本												
1. 所有者投入资本												

项　　目	本　年　金　额						上　年　金　额					
	实收资本（或股本）	资本公积	减：库存股	盈余公积	未分配利润	所有者权益合计	实收资本（或股本）	资本公积	减：库存股	盈余公积	未分配利润	所有者权益合计
2. 股份支付计入所有者权益的金额												
3. 其他												
（四）利润分配												
1. 提取盈余公积												
2. 对所有者（或股东）的分配												
3. 其他												
（五）所有者权益内部结转												
1. 资本公积转增资本（或股本）												
2. 盈余转增资本（或股本）												
3. 盈余公积弥补亏损												
四、本年年末余额												

第六部分

实训单位的期初数据和原始凭证

一、会计科目及编码表

企业 05 表列出了台州市阳明机械制造有限公司的会计科目及对应编码。

台州市阳明机械制造有限公司会计科目及编码表　　企业 05 表

科目级长：4-2-2-2-2　　　　　　　2012 年 12 月 1 日　　　　　　科目数：296

类型	级次	科目编码	科目名称	计量单位	辅助账类型	账页格式	余额方向
资产	1	1001	库存现金			金额式	借
资产	1	1002	银行存款			金额式	借
资产	2	100201	工商银行			金额式	借
资产	3	10020101	台州市城东支行			金额式	借
资产	1	1012	其他货币资金			金额式	借
资产	2	101201	外埠存款			金额式	借
资产	2	101202	银行本票			金额式	借
资产	2	101203	银行汇票			金额式	借
资产	2	101204	信用卡			金额式	借
资产	2	101205	信用证保证金			金额式	借
资产	2	101206	存出投资款			金额式	借
资产	1	1101	交易性金融资产			金额式	借
资产	2	110101	股票			金额式	借
资产	2	110102	债券			金额式	借
资产	2	110103	基金			金额式	借
资产	2	110104	其他			金额式	借
资产	1	1121	应收票据			金额式	借
资产	2	112101	求成公司			金额式	借
资产	2	112102	三环公司			金额式	借
资产	1	1122	应收账款			金额式	借
资产	2	112201	求成公司			金额式	借
资产	2	112202	三环公司			金额式	借
资产	2	112203	飞康公司			金额式	借
资产	2	112204	晴杨公司			金额式	借
资产	2	112205	南口公司			金额式	借

类型	级次	科目编码	科目名称	计量单位	辅助账类型	账页格式	余额方向
资产	2	112206	金锋公司			金额式	借
资产	1	1123	预付账款			金额式	借
资产	2	112301	台州宝蓝公司			金额式	借
资产	1	1131	应收股利			金额式	借
资产	1	1132	应收利息			金额式	借
资产	1	1221	其他应收款			金额式	借
资产	2	122101	李文			金额式	借
资产	2	122102	家属医药费			金额式	借
资产	2	122103	水电费			金额式	借
资产	2	122104	业务部			金额式	借
资产	2	122105	王平远			金额式	借
资产	2	122106	个人所得税			金额式	借
资产	1	1231	坏账准备			金额式	借
资产	1	1401	材料采购			数量金额式	借
资产	2	140101	铸铁	千克		数量金额式	借
资产	2	140102	钢板	千克		数量金额式	借
资产	2	140103	元钢	千克		数量金额式	借
资产	2	140104	燃料	吨		数量金额式	借
资产	2	140105	钢珠			数量金额式	借
资产	2	140106	低值易耗品			数量金额式	借
资产	3	14010601	电钻	个		数量金额式	借
资产	3	14010602	风机	台		数量金额式	借
资产	1	1402	在途物资			数量金额式	借
资产	1	1403	原材料			数量金额式	借
资产	2	140301	铸铁	千克		数量金额式	借
资产	2	140302	钢板	千克		数量金额式	借
资产	2	140303	元钢	千克		数量金额式	借
资产	2	140304	修理用备件	件		数量金额式	借
资产	2	140305	燃料	吨		数量金额式	借
资产	2	140306	钢珠			数量金额式	借
资产	1	1404	材料成本差异			金额式	借
资产	2	140401	原材料			金额式	借
资产	3	14040101	铸铁			金额式	借
资产	3	14040102	钢板			金额式	借
资产	3	14040103	元钢			金额式	借
资产	3	14040104	修理用备件			金额式	借
资产	3	14040105	燃料			金额式	借
资产	3	14040106	钢珠			金额式	借
资产	2	140402	周转材料			金额式	借
资产	3	14040201	包装物			金额式	借
资产	3	14040202	低值易耗品			数量金额式	借
资产	1	1405	库存商品			数量金额式	借
资产	2	140501	6202 轴承	件		数量金额式	借
资产	2	140502	6203 轴承	件		数量金额式	借

类型	级次	科目编码	科目名称	计量单位	辅助账类型	账页格式	余额方向
资产	1	1406	发出商品	件		数量金额式	借
资产	1	1408	委托加工物资			数量金额式	借
资产	2	140801	温岭加工厂	千克		数量金额式	借
资产	1	1411	周转材料			数量金额式	借
资产	2	141101	包装物			数量金额式	借
资产	3	14110101	在库包装物	千克		数量金额式	借
资产	3	14110102	在用包装物	千克		数量金额式	借
资产	3	14110103	包装物摊销			数量金额式	借
资产	2	141102	低值易耗品			数量金额式	借
资产	3	14110201	在库低值易耗品	千克		数量金额式	借
资产	3	14110202	在用低值易耗品	千克		数量金额式	借
资产	3	14110103	低值易耗品摊销			数量金额式	借
资产	1	1471	存货跌价准备			金额式	借
资产	1	1501	持有至到期投资			金额式	借
资产	2	150101	债券投资			金额式	借
资产	3	15010101	成本			金额式	借
资产	3	15010102	利息调整			金额式	借
资产	3	15010103	应计利息			金额式	借
资产	2	150102	其他债权投资			金额式	借
资产	1	1502	持有至到期投资减值准备			金额式	贷
资产	1	1503	可供出售金融资产			金额式	借
资产	1	1511	长期股权投资			金额式	借
资产	2	151101	投资性房地产			金额式	借
资产	2	151102	长期应收款			金额式	借
资产	3	15110201	未实现融资收益			金额式	借
资产	1	1512	固定资产			金额式	贷
资产	2	151201	生产用固定资产			金额式	借
资产	3	15120101	数控车床			金额式	借
资产	3	15120102	磨床			金额式	借
资产	3	15120103	抛光机			金额式	借
资产	3	15120104	液压机			金额式	借
资产	3	15120105	生产车间（房屋）			金额式	借
资产	2	151202	非生产用固定资产			金额式	借
资产	3	15120201	小轿车			金额式	借
资产	3	15120202	办公楼			金额式	借
资产	3	15120203	空调			金额式	借
资产	1	1503	不需要固定资产			金额式	贷
资产	2	150301	螺旋杆			金额式	贷
资产	2	150302	齿轮			金额式	贷
资产	2	15030201	齿轮 A			金额式	贷
资产	2	15030202	齿轮 B			金额式	贷

类型	级次	科目编码	科目名称	计量单位	辅助账类型	账页格式	余额方向
资产	1	1601	累计折旧			数量金额式	借
资产	2	160101	生产用固定资产			数量金额式	借
资产	2	16010101	数控车床			数量金额式	借
资产	2	16010102	磨床			数量金额式	借
资产	2	16010103	抛光机			数量金额式	借
资产	2	16010104	液压机			数量金额式	借
资产	2	16010105	生产车间（房屋）			数量金额式	借
资产	2	160102	非生产用固定资产			数量金额式	借
资产	2	16010201	小轿车			数量金额式	借
资产	2	16010202	办公楼			数量金额式	借
资产	2	16010203	空调			数量金额式	借
资产	2	160103	不需要固定资产			数量金额式	借
资产	2	16010301	螺旋杆			数量金额式	借
资产	2	16010302	齿轮			数量金额式	借
资产	2	1601030201	齿轮A			数量金额式	借
资产	2	1601030202	齿轮B			数量金额式	借
资产	1	1603	固定资产减值准备			金额式	贷
资产	1	1604	在建工程			金额式	借
资产	2	160401	机床大修工程			金额式	借
资产	2	160402	扩建车间工程			金额式	借
资产	1	1605	工程物资			数量金额式	借
资产	2	160501	专用材料			数量金额式	借
资产	2	160502	专用设备			数量金额式	借
资产	2	160503	工器具			数量金额式	借
资产	1	1606	固定资产清理			金额式	借
资产	1	1701	无形资产			数量金额式	借
资产	2	170101	专利权			数量金额式	借
资产	2	170102	专有技术			数量金额式	借
资产	1	1702	累计摊销			金额式	贷
资产	1	1703	无形资产增值准备			金额式	贷
资产	1	1711	商誉			金额式	借
资产	1	1801	长期待摊费用			金额式	借
资产	1	1811	递延所得税资产			金额式	借
资产	1	1901	待处理财产损益			金额式	借
资产	2	190101	待处理流动资产损益			金额式	借
资产	2	190102	待处理固定资产损益			金额式	借
负债	1	2001	短期借款			金额式	贷
负债	2	200101	生产周转借款			金额式	贷
负债	1	2101	交易性金融负债			金额式	贷
负债	1	2201	应付票据			金额式	贷

类型	级次	科目编码	科目名称	计量单位	辅助账类型	账页格式	余额方向
负债	2	210101	宏远公司			金额式	贷
负债	1	2202	应付账款			金额式	贷
负债	2	220201	宏远公司			金额式	贷
负债	1	2203	预收账款			金额式	贷
负债	2	220301	阳万公司			金额式	贷
负债	2	220302	梅江公司			金额式	贷
负债	1	2211	应付职工薪酬			金额式	贷
负债	2	220301	工资			金额式	贷
负债	2	220302	职工福利			金额式	贷
负债	2	221103	社会保险费			金额式	贷
负债	2	221104	住房公积金			金额式	贷
负债	2	221105	工会经费			金额式	贷
负债	2	221106	职工教育经费			金额式	贷
负债	2	221107	非货币性福利			金额式	贷
负债	2	221108	辞退福利			金额式	贷
负债	2	221109	股份支付			金额式	贷
负债	1	2221	应交税费			金额式	贷
负债	2	222101	应缴增值税			金额式	贷
负债	3	22210101	进项税额			金额式	借
负债	3	22210102	已交税金			金额式	借
负债	3	22210103	转出未交增值税			金额式	借
负债	3	22210104	减免税款			金额式	借
负债	3	22210105	销项税额			金额式	贷
负债	3	22210106	出口退税			金额式	贷
负债	3	22210107	进项税额转出			金额式	贷
负债	3	22210108	出口抵减内销产品应纳税额			金额式	贷
负债	3	22210109	转出多交增值税			金额式	贷
负债	3	22210110	未交增值税			金额式	贷
负债	2	222102	应交消费税			金额式	贷
负债	2	222103	应交营业税			金额式	贷
负债	2	222104	应交所得税			金额式	贷
负债	2	222105	应交资源税			金额式	贷
负债	2	222106	应交土地增值税			金额式	贷
负债	2	222107	应交城市维护建设税			金额式	贷
负债	2	222108	应交房产税			金额式	贷
负债	2	222109	应交土地使用税			金额式	贷
负债	2	222110	应交车船税			金额式	贷
负债	2	222111	应交个人所得税			金额式	贷
负债	2	222112	应交教育费附加			金额式	贷
负债	2	222113	应交矿产资源补偿费			金额式	贷
负债	1	2231	应付利息			金额式	贷

类型	级次	科目编码	科目名称	计量单位	辅助账类型	账页格式	余额方向
负债	1	2232	应付股利			金额式	贷
负债	1	2241	其他应付款			金额式	贷
负债	2	224101	广发公司			金额式	贷
负债	2	224102	职工食堂			金额式	贷
负债	2	224103	代扣代交社会保险费			金额式	贷
负债	2	224104	社会保险费			金额式	贷
负债	2	224105	个人所得税			金额式	贷
负债	1	2401	递延收益			金额式	贷
负债	1	2501	长期借款			金额式	贷
负债	2	250101	专用借款			金额式	贷
负债	2	250102	基建借款			金额式	贷
负债	1	2502	应付债券			金额式	贷
负债	2	250201	面值			金额式	贷
负债	2	250202	利息调整			金额式	贷
负债	2	250203	应计利息			金额式	贷
负债	1	2701	长期应付款			金额式	贷
负债	2	270101	应付设备款			金额式	贷
负债	1	2702	未确认融资费用			金额式	贷
负债	1	2711	专项应付款			金额式	贷
负债	1	2801	预计负债			金额式	贷
负债	1	2901	递延所得税负债			金额式	贷
共同	1	3101	衍生工具			金额式	借、贷
共同	1	3201	套期工具			金额式	借、贷
共同	1	3202	被套期工具			金额式	借、贷
权益	2	4001	实收资本			金额式	贷
权益	2	400101	国家投资			金额式	贷
权益	1	400102	京都公司投资			金额式	贷
权益	2	4002	资本公积			金额式	贷
权益	2	400101	资本溢价			金额式	贷
权益	1	400102	其他资本公积			金额式	贷
权益	2	4101	盈余公积			金额式	贷
权益	2	410101	法定盈余公积			金额式	贷
权益	2	410102	任意盈余公积			金额式	贷
权益	2	410103	储备基金			金额式	贷
权益	2	410104	企业发展基金			金额式	贷
权益	2	410105	利润归还投资			金额式	贷
权益	1	4103	本年利润			金额式	贷
权益	1	4104	利润分配			金额式	贷
权益	2	410401	提取法定盈余公积			金额式	贷
权益	3	410402	提取任意盈余公积			金额式	贷
权益	2	410403	提取储备基金			金额式	贷
权益	2	410404	提取企业发展基金			金额式	贷

类型	级次	科目编码	科目名称	计量单位	辅助账类型	账页格式	余额方向
权益	2	410405	提取职工奖励及福利基金			金额式	贷
权益	2	410406	利润归还投资			金额式	贷
权益	2	410407	应付股利或利润			金额式	贷
权益	2	410408	转作股本的股利			金额式	贷
权益	2	410409	盈余公积补亏			金额式	贷
权益	2	410410	未分配利润			金额式	贷
权益	1	4201	库存股			金额式	借
成本	1	5001	生产成本			数量金额式	借
成本	2	500101	基本生产成本			数量金额式	借
成本	3	50010101	6202 轴承	件		数量金额式	借
成本	4	5001010101	直接材料	千克		数量金额式	借
成本	4	5001010102	直接工资			金额式	借
成本	4	5001010103	制造费用			金额式	借
成本	3	500102	6203 轴承	件		数量金额式	借
成本	4	50010201	直接材料	千克		数量金额式	借
成本	4	50010202	直接工资			金额式	借
成本	4	50010203	制造费用			金额式	借
成本	2	500102	辅助生产成本			金额式	借
成本	3	50010201	修配车间			金额式	借
成本	2	5101	制造费用			金额式	借
成本	2	510101	折旧费			金额式	借
成本	2	510102	修理费			金额式	借
成本	2	510403	工资费用			金额式	借
成本	2	510404	水电费			金额式	借
成本	2	510405	福利费用			金额式	借
成本	2	510406	低值易耗品摊销			金额式	借
成本	2	510407	机物料消耗			金额式	借
成本	2	510408	劳动保护费			金额式	借
成本	1	5201	劳务成本			金额式	借
成本	1	5301	研发支出			金额式	借
成本	2	530101	费用化支出			金额式	借
成本	2	530102	资本化支出			金额式	借
损益	1	6001	主营业收入			数量金额式	贷
损益	2	600101	6202 轴承	件		数量金额式	贷
损益	2	600102	6203 轴承	件		数量金额式	贷
损益	1	6051	其他业务收入			数量金额式	贷
损益	2	605101	材料销售	千克		金额式	贷
损益	2	605102	固定资产出租			金额式	贷
损益	2	605103	技术转让			数量金额式	贷
损益	1	6101	公允价值变动损益			数量金额式	贷
损益	1	6111	投资收益			金额式	贷
损益	1	6301	营业外收入			金额式	贷
损益	2	630101	处理固定资产净收益			金额式	贷
损益	2	630102	固定资产盘盈			金额式	贷

类型	级次	科目编码	科目名称	计量单位	辅助账类型	账页格式	余额方向
损益	2	630103	坏账收入			金额式	贷
损益	1	6401	主营业务成本			数量金额式	借
损益	2	640101	6202 轴承	件		数量金额式	借
损益	2	640102	6203 轴承	件		数量金额式	借
损益	1	6402	其他业务成本			金额式	借
损益	2	640201	材料销售			数量金额式	借
损益	2	640202	固定资产出租			金额式	借
损益	2	640203	技术转让			金额式	借
损益	1	6403	营业税金及附加			金额式	借
损益	2	640301	城建税			金额式	借
损益	2	640302	教育费附加			金额式	借
损益	1	6601	销售费用			金额式	借
损益	2	660101	广告费			金额式	借
损益	2	660102	差旅费			金额式	借
损益	2	660103	物料消耗			金额式	借
损益	1	6602	管理费用			金额式	借
损益	2	660201	折旧费			金额式	借
损益	2	660202	工会经费			金额式	借
损益	2	660203	职工教育经费			金额式	借
损益	2	660204	工资费用			金额式	借
损益	2	660205	技术转让费			金额式	借
损益	2	660206	差旅费			金额式	借
损益	2	660207	办公费			金额式	借
损益	2	660208	社会保险费			金额式	借
损益	2	660209	印花税			金额式	借
损益	2	660210	研究开发费			金额式	借
损益	2	660211	业务招待费			金额式	借
损益	2	660212	无形资产推销			金额式	借
损益	2	660213	开办费			金额式	借
损益	2	660214	福利费用			金额式	借
损益	2	660215	低值易耗品摊销			金额式	借
损益	1	660216	其他			金额式	借
损益	1	6603	财务费用			金额式	借
损益	2	660301	利息支出			金额式	借
损益	2	660302	手续费			金额式	借
损益	2	660303	工本费			金额式	借
损益	2	660304	汇兑损益			金额式	借
损益	2	660305	利息收入			金额式	借
损益	1	6701	资产减值损失			金额式	借
损益	1	6711	营业外支出			金额式	借
损益	2	671101	处理固定资产净损失			金额式	借
损益	2	671102	固定资产盘亏			金额式	借
损益	1	6801	所得税费用			金额式	借
损益	1	6901	以前年度损益调整			金额式	贷

二、期初余额表

企业 06 表列出了台州市阳明机械制造有限公司的总账及明细账。

阳明机械制造有限公司总账及明细账 2012 年 12 月 1 日期初余额表

科目名称及代码	方向	币别/计量单位	期初余额	
			借方余额	贷方余额
库存现金（1001）	借		2 300.00	
银行存款（1002）	借		500 000.00	
工商银行（100201）	借		500 000.00	
中国工商银行台州市支行城东分理处（10020101）	借		500 000.00	
其他货币资金（1012）	借		10 112.00	
外埠存款（101201）	借		10 112.00	
交易性金融资产（1101）	借		57 349.00	
债券（110102）	借		57 349.00	
应收票据（1121）	借		63 500.00	
台州求成轴承有限公司（112101）	借		50 000.00	
三环公司（112102）	借		13 500.00	
应收账款（1122）	借		159 630.00	
台州求成轴承有限公司（112201）	借		73 230.00	
三环公司（112202）	借		70 000.00	
飞康公司（112203）	借		16 400.00	
预付账款（1123）	借		−4 500.00	
台州宝蓝压铸钢铁有限公司（112301）	借		−4 500.00	
其他应收款（1221）	借		3 089.00	
李文（122101）	借		1 700.00	
家属医药费（122102）	借		244.00	
水电费（122103）	借		411.00	
社会保险费（122104）	借		734.00	
个人所得税（122105）	借		0	
坏账准备（1231）	贷			2 334.00
材料采购（1401）	借		86 455.25	
铸铁（140101）	借		45 162.75	
	借	千克	22 581.38	
钢板（140102）	借		10 692.50	
	借	千克	5 940.28	
元钢（140103）	借		23 100.00	
	借	千克	15 400.00	
燃料（140104）	借		3 000.00	
	借	吨	2.40	
钢珠（140105）	借		4 500.00	
	借	粒	3 000.00	
原材料（1403）	借		404 761.48	
铸铁（140301）	借		45 761.48	
	借	千克	22 400.00	

科目名称及代码	方向	币别/计量单位	期 初 余 额	
			借方余额	贷方余额
钢板（140302）	借		49 200.00	
	借	千克	30 000.00	
元钢（140303）	借		240 000.00	
	借	千克	15 000.00	
修理用备件（140304）	借		21 700.00	
	借	件	15 500.00	
钢珠（140306）	借		48 100.00	
	借	粒	320 667	
材料成本差异（1404）	借		10 964.32	
原材料（140401）	借		10 622.32	
铸铁（14040101）	借		1 124.48	
钢板（14040102）	借		1 234.92	
元钢（14040103）	借		6 024.00	
修理用备件（14040104）	借		1 031.61	
其他（14040105）	借		1 207.31	
周转材料（140402）	借		342.00	
包装物（14040201）	借		−50.00	
低值易耗品（14040202）	借		392.00	
库存商品（1405）	借		449 960.00	
6202 轴承（140501）	借		99 000.00	
	借	件	2 444.00	
6203 轴承（140502）	借		350 960.00	
	借	件	5 161.00	
周转材料（1411）			63 720.00	
包装物（141101）	借		10 000.00	
在库包装物（14110101）	借		10 000.00	
	借	千克	1 000.00	
低值易耗品（141102）	借		53 720.00	
在库低值易耗品（14110201）	借		39 200.00	
	借	千克	3 920.00	
在用低值易耗品（14110202）	借		14 520.00	
	借	千克	1 452.00	
持有至到期投资（1501）	借		50 000.00	
债券投资（150101）	借		50 000.00	
固定资产（1601）	借		4 123 320.00	
生产用固定资产（160101）	借		1 827 254.00	
数控车床（16010101）	借		265 000.30	
磨床（16010102）	借		400 325.20	
抛光机（16010103）	借		60 543.30	
液压机（16010104）	借		70 005.00	
生产车间（房屋）（16010105）	借		1 031 380.20	
非生产固定资产（160102）	借		2 017 866.00	
小轿车（16020201）	借		732 121.14	
办公楼（16020202）	借		859 435.29	
空调（16020203）	借		426 309.57	
不需用固定资产（160103）	借		278 200.00	

科目名称及代码	方向	币别/计量单位	期 初 余 额	
			借方余额	贷方余额
螺旋杆器（16010301）	借		200 000.00	
齿轮（16010302）	借		78 200.00	
齿轮 A（1601030201）	借		35 000.00	
齿轮 B（1601030202）	借		43 200.00	
累计折旧（1602）	借			542 562.78
生产用固定资产（160201）	借			194 785.59
数控车床（16020101）	借			52 643.20
磨床（16020102）	借			44 837.51
抛光机（16020103）	借			42 873.69
液压机（16020104）	借			31 870.55
生产车间（房屋）（16020105）	借			2 196 064
非生产用固定资产（160202）	借			17 418 959
小轿车（16020201）	借			58 063.19
办公楼（16020202）	借			57 679.74
空调（16020203）	借			58 446.66
不需要固定资产（160203）	借			174 187.60
螺旋杆器（16020301）	借			50 000.00
齿轮（16020302）	借			124 187.60
在建工程（1604）	借		5 000.00	
机床大修工程（160401）	借		5 000.00	
固定资产清理（1606）	借		1 800.00	
无形资产（1701）	借		243 430.00	
专利权（170101）	借		210 000.00	
专用技术（170102）	借		33 430.00	
待处理财产损溢（1901）	借		4 300.00	
待处理固定资产损溢（190102）	借		4 300.00	
短期借款(2001)	贷			277 210.44
生产周期借款（200101）	贷			277 210.44
应付票据（2201）	贷			3 000.00
台州宏远金属材料有限公司（220101）	贷			3 000.00
预收账款（2203）	贷			2 000.00
阳万公司（220301）	贷			−4 000.00
梅江公司（220302）	贷			6 000.00
应付职工薪酬（2211）	贷			10 000.00
职工福利（221102）	贷			6 000.00
职工教育经费（221106）	贷			4 000.00
应交税费（2221）	贷			34 803.56
应交增值税（222101）	贷			11 078.76
未交增值税（22210110）	贷			11 078.76
应交所得税（222104）	贷			15 026.88
应交城市维护建设税（222107）	贷			1 105.24
应交教育附加（222112）	贷			243.68
应交社保费（222113）	贷			7 349
应付利息（2231）	贷			9 000.00
其他应付款（2241）	贷			3 312.00

科目名称及代码	方向	币别/计量单位	期 初 余 额	
			借方余额	贷方余额
广发公司（224101）	贷			3 200.00
职工食堂（224102）	贷			112
长期借款（2501）	贷			122 000.00
专用借款（250101）	贷			102 000.00
基建借款（250102）	贷			20 000.00
长期应付款（2701）	贷			85 000.00
应付设备款（270101）	贷			85 000.00
实收资本（4001）	贷			4 470 000.00
国家投资（400101）	贷			2 830 000.00
京都公司投资（400102）	贷			1 640 000.00
资本公积（4002）	贷			42 000.00
资本溢价（400201）	贷			42 000.00
盈余公积（4101）	贷			633 000.00
法定盈余公积（410101）	贷			623 000.00
任意盈余公积（410102）	贷			10 000.00
利润分配（4104）	贷			3 000.00
未分配利润（410410）	贷			3 000.00
生产成本（5001）	借		4 031.73	
基本生产成本（500101）	借		4 031.73	
6202 轴承（50010101）	借		1 576.07	
	借	件	80.00	
直接材料（5001010101）	借		841.42	
	借	千克	80.00	
直接工资（5001010102）	借		212.21	
制造费用（5001010103）	借		522.44	
6203 轴承（50010102）	借		2 455.66	
	借	件	80.00	
直接材料（5001010201）	借		1 616.90	
	借	千克	80.00	
直接工资（5001010202）	借		210.19	
制造费用（5001010203）	借		628.57	
合　　计			5 694 326.00	5 694 326.00

三、原始凭证

台州市阳明机械制造有限公司是一家一般纳税人制造企业，2012 年 12 月份发生经济业务88 笔，原始凭证共计 226 张，根据《企业会计准则讲解》和《企业会计准则应用指南》进行财务处理。

关于原始凭证有以下说明。

(1) 台州市阳明机械制造有限公司的经济业务体现了内容的真实性、全面性和典型性，但原始凭证已经过印制和加工。

(2) 原始凭证按照以下原则编号。

① 每张原始凭证的左上角均勾有"×-×"，第一个×表示经济业务笔数的顺序编号，第二个×表示该原始凭证在该笔经济业务原始凭证中的顺序号。例如，原始凭证的左上角

标有"1-1",而其后没有"1-2",则表示该凭证属于第一笔经济业务且原始凭证仅有 1 张;再如,"2-1"、"2-2"、"2-3"、"2-4"、"2-5"则表示第 2 笔经济业务有原始凭证 5 张。

    ② 每张原始凭证的右上角均有编号,表示该原始凭证在全部凭证中的顺序号。

    (3) 考虑到实习单位有些资料的保密性,在原始凭证中的经办人员签名、经办人员签章、单位公章、业务章等可能删去,单位地址、电话、职员姓名等资料也有所改动或留空白。

项目1：折价发行债券

台州市阳明机械制造有限公司 2012 年 12 月发生的经济业务所取得的原始凭证。

1-1

浙江省台州市工商企业统一收款收据
记 账 联
2012 年 12 月 1 日

发票号码：13310124587
发票代码：00452147

缴款单位（人）	台州市中信债券公司		
款项内容	发行三年期债券，面值 500 000 元	收款方式	转账
合计人民币（大写）	肆拾伍万元整		¥450 000.00
备注		收款单位盖章	收款人签章

第二联：记账联

1-2

中国工商银行进账单
2012 年 12 月 1 日

No.125478563

出票人	全　称	台州中信债券公司	收款人	全　称	台州市阳明机械制造有限公司								
	账　号	8400264580091001		账　号	120707564563456								
	开户银行	中国银行城北支行		开户银行	中国工商银行台州市支行城东分理处								
金额	人民币（大写）肆拾伍万元整		亿	千	百	十	万	千	百	十	元	角	分
				¥	4	5	0	0	0	0	0	0	0
票据种类	转账支票	票据张数											
票据号码	No.125478563		开户银行盖章										
复核：刘民　　记账：王中													

1-3

3

申 请 报 告

　　我厂根据生产发展计划准备扩建生产车间，决定发行三年期一次还本、票面利率为 14% 的企业债券 10 000 张，每张面值 50 元，每年、月 1 日支付债券利息一次，发行时按面值的 10% 折价发行，从发行之日起开始计息。

申请单位：台州市阳明机械制造有限公司
2012 年 11 月 9 日

项目 2：购入材料以银行存款支付料款及运费

托收承付凭证（承支付款通知） 5

委托时间：2012 年 11 月 29 日

							承 付 期 限								
							到期 2012 年 12 月 2 日								

付款人	全　　称	台州市阳明机械制造有限公司	收款人	全　　称	台州市宝蓝压铸钢铁有限公司										
	账　　号	120707564563456		账　　号	11021386123654563										
	开户银行	中国工商银行台州市支行城东分理处		开户银行	中国工商银行台州市西河支行			行号							

托收金额	人民币（大写）	柒仟捌佰零肆元伍角整	千	百	十	万	千	百	十	元	角	分
						¥	7	8	0	4	5	0

附　　件		商品发运情况	合同名称号码
附寄单证张数或册数	2	发运	

备注　电划	付款人注意： 1. 根据结算办法规定，上列托收款项，如超过承付期限并未拒付时，即视同全部承付。如系金额支付即以此联代支款通知；如遇延付或部分支付时，再由银行另送延付或部分支付的支付款通知。 2. 如需提前承付或多承付时，应另写书面通知送银行办理。 3. 如系全部或部分拒付，应在承付期限内另填拒绝承付理由送银行办理。

主管单位：　　　　　会计：　　　　　复核：　　　　付款单位开户银行盖章

公路、内河货物运输业统一发票

发票联

备查号：　　　　　　　　　　　　　　　　　发票代码：2001110144

开票日期：2012 年 12 月 2 日　　　　　　　发票号码：142211

发票代码	2001110144	税控码	略					第二联：发票联
发票号码	142212							
编号	49900060405							
收货人及纳税人识别号	台州市阳明机械制造有限公司 4414021968102388	承运人及纳税人识别号	台州快客运输公司 33102157291104					
发货人及纳税人识别号	台州市宝蓝压铸钢铁有限公司 33108177071855	主管税务机关及代码	台州市地方税务局 233262700					

运输项目及金额	货物名称	数量	单位运价	计费里程	金额	其他项目	费用名称	金额	备注
	轴承	20	12.90	500	¥258.00				温岭泽国

1200061650
验证码：37021950484039456670

增值税专用发票

No.01461317
开票日期：2012 年 12 月 2 日

购货单位	名　　　称：台州市阳明机械制造有限公司 纳税人识别号：4414021968102388 地 址、电 话：台州温岭青松路 81865358 开户行及账号：中国工商银行台州市支行城东分理处 　　　　　　　120707564563456		密码区	略		
货物或应税劳务名称	规格型号	单位	数量	单价	金额	税率	税额

货物或应税劳务名称	规格型号	单位	数量	单价	金额	税率	税额
铸铁		千克	1 350	2.00	2 700.00	17%	459.00
元钢			2 500	1.50	3 750.00	17%	637.50
合计					6 450.00		1 096.50

价税合计（大写）	柒仟伍佰肆拾陆元伍角整	（小写）¥7 546.50

销货单位	名　　　称：台州市宝蓝压铸钢铁有限公司 纳税人识别号：4414021969090967 地 址、电 话：台州长寿路 130 号 开户行及账号：中国工商银行台州市长寿支行 　　　　　　　11021386123654563	备注	税号:4414021969090967 发票专用章

收款人：　　　　　复核：赵宝玉　　　　　开票人：许树人　　　　　销货单位：（章）

第二联：发票联

材料采购运杂费分配表

2012 年 12 月 2 日

供货单位	台州市宝蓝压铸钢铁有限公司			
材料名称	分配标准（买价）	分配率	分配金额	备注
铸铁	2 700	0.04	108.00	
元钢	3 750	0.04	150.00	
合计	6 450	0.04	258.00	

会计主管：林芬　　　　　复核：崔岩　　　　　制表：赵平

台州市阳明机械制造有限公司材料入库验收单

验收日期：2012 年 12 月 2 日

编号	6		类别	原料及主要材料
来源	台州市宝蓝压铸钢铁有限公司		发票编号	

品名	规格	单位	数量		实际价格				计划价	
			来料数	实际数	单价	总价	运杂费	合计	单价	总价
铸铁		千克	1 350	1 350	2.00	2 700	100.4	2 800.4	2.24	3 024
元钢		千克	250	250	1.50	3 750	139.5	3 889.5	16.00	4 000
合计						6 450	258	6 689.9		7 024

供销主管：王朝阳　　　　验收保管：赵平　　　　采购：徐大明　　　　制单：赵平

项目3：支付广告费

中国工商银行

转账支票存根

XⅢ010001681

科目＿＿＿＿＿

对方科目＿＿＿＿

出票日期 2012 年 12 月 3 日

收款人：台州市电视台
金额：20 000.00
用途：广告费

单位主管：　会计：

浙江省台州市工商企业统一收款收据

2012 年 12 月 3 日

发票号码：133101262866
发票代码：00101125

缴款单位（人）	台州市阳明机械制造有限公司		
款项内容	广告费	收款方式	转账
合计人民币（大写）	贰万元整		¥20 000.00
备注		收款单位盖章	收款人签章

第二联：收据联

中国工商银行**进账单**

2012 年 12 月 3 日   No.010001681

付款人	全　称	台州市阳明机械制造有限公司	收款人	全　称	台州市电视台
	账　号	12070756456456		账　号	12070756452136545
	开户银行	中国工商银行台州市支行城东分理处		开户银行	中国工商银行台州市支行城东分理处

金额	人民币（大写） 贰万元整	亿	千	百	十	万	千	百	十	元	角	分
					¥	2	0	0	0	0	0	0

票据种类	转账支票	票据张数	
票据号码	No.010001681		

复核：刘民　　记账：王中

开户银行盖章

项目 4：支付印花税费

台州市税务局印花税票发售统一发票

购票单位：台州市阳明机械制造有限公司　　　2012 年 12 月 4 日　　　No.12456874

名　称	数量	金额	备　注
贰元印花税票	20	40.00	现金付讫
壹元印花税票	60	60.00	
合　计	人民币（大写）壹佰元整		¥100.00

项目 5：支付发行债券的各项费用

浙江省台州市工商企业统一收款收据

收据联

发票代码：12365489665
发票号码：11562356

2012 年 12 月 5 日

缴款单位（人）	台州市阳明机械制造有限公司		
款项内容	债券印刷费及手续费	收款方式	转账
合计人民币（大写）	叁仟伍佰元整　¥3 500.00		
备　注	收款单位盖章	收款人签章	

第二联：收据联

中国工商银行

转账支票存根

XⅡ05558660

科目＿＿＿＿＿＿

对方科目＿＿＿＿

出票日期 2012 年 12 月 5 日

| 收款人：广发证券公司 |
| 金额：¥3 500.00 |
| 用途：债券手续费印刷费 |

单位主管：　会计：

项目 6：支付职工暂借款

中国工商银行

现金支票存根

XⅡ1013488

科目＿＿＿＿＿＿

对方科目＿＿＿＿

出票日期 2012 年 12 月 5 日

| 收款人：台州市阳明机械制造有限公司 |
| 金额：¥1 200.00 |
| 用途：备用 |

单位主管：　会计：

借 款 单

单位：生产车间   2012 年 12 月 5 日

借款理由	到杭州开会				借款人	王平远
人民币（大写）	壹仟贰佰元整					￥1 200.00
	领导意见		同意	备注		

核准：王阳林   会计主管：林芬   出纳：崔敏   借支人：王平远

项目 7：支付业务部暂借款

中国工商银行

现金支票存根

XⅡ1013489

科目_____

对方科目_____

出票日期 2012 年 12 月 6 日

收款人：台州市阳明机械制造有限公司
金额：￥3 000.00
用途：备用

单位主管：   会计：

领 款 凭 证

领款日期：2012 年 12 月 6 日

今收到	财务部	审批意见：
领款原因	备用金	审批签章：
金额（大写）	叁仟元整	￥3 000.00

核准：王阳林   会计主管：林芬   出纳：崔敏   经手人：张清

项目 8：支付前欠货款

中国工商银行（电汇回单）

委托日期：2012 年 12 月 6 日

付款单位	全称	台州市阳明机械制造有限公司		收款单位	全称	台州市宝蓝压铸钢铁有限公司						
	账号	120707564563456			账号	11021386123654563						
	汇出地点	台州	汇出行名称	中国工商银行台州市城东分理处		汇入地点	台州	汇入行名称	中国工商银行台州市长寿路支行			

金额	人民币（大写）伍万元整	千	百	十	万	千	百	十	元	角	分
				¥	5	0	0	0	0	0	0

汇款用途：预付货款

上列款项已根据委托办理，如需查询，请持此单来行面洽。

单位主管：   会计：   复核：   记账：   汇出行盖章

项目 9：开具银行承兑汇票，以此购料，并支付办理票据的手续费

银行承兑汇票

签发日期：2012 年 12 月 6 日第 20 号

收款人	全称	台州市宏远金属材料有限公司			付款人	全称	台州市阳明机械制造有限公司		
	账号	1202021119002654723				账号	120707564563456		
	开户银行	中国工商银行台州市支行椒江分理处	行号	3213		开户银行	中国工商银行台州市支行城东分理处	行号	3021

汇票金额	人民币（大写）贰万伍仟柒佰肆拾元整	千	百	十	万	千	百	十	元	角	分
					¥	2	5	7	4	0	0	0

汇票到期日	2013 年 6 月 6 日	交易合同码	

本汇票请你行承兑，并及时将承兑汇票寄到我单位。   备注：年利率 10%。

被背书人：台州市宏远金属材料有限公司	被背书人：
（财务专用章）（王阳林之印） 2012 年 12 月 6 日	（财务专用章）（之王印名） 2012 年 12 月 6 日

1200061650   **增值税专用发票**   No.01461318

验证码：37021950484039456670   开票日期：2012 年 12 月 6 日

购货单位	名　　　称：台州市阳明机械制造有限公司 纳税人识别号：4414021968102388 地址、电话：台州温岭青松路 81865358 开户行及账号：中国工商银行台州市支行城东分理处 120707564563456	密码区	略

货物或应税劳务名称	规格型号	单位	数量	单价	金额	税率	税额
铸铁		千克	5 000	2.30	11 500.00	17%	1 955.00
钢板		千克	5 000	1.80	9 000.00	17%	1 530.00
钢珠		粒	1 000	1.50	1 500.00	17%	255.00
合计					22 000.00		3 740.00

价税合计（大写）	贰万伍仟柒佰肆拾元整 （小写）￥25 740.00

销货单位	名　　　称：台州市宏远金属材料有限公司 纳税人识别号：4414031954080212 地址、电话：台州椒江秋远路 86667902 开户行及账号：中国工商银行台州市支行椒江分理处 12020211119002654723	备注	（台州市宏远金属材料有限公司 税号:4414031954080212 发票专用章）

收款人：　　　　复核：方石羊　　　　开票人：许未　　　　销货单位：（章）

第二联：发票联

中国工商银行**收费凭证**

2012 年 12 月 6 日 第001号

户名	台州市阳明机械制造有限公司		开户银行	中国工商银行台州市支行城东分理处						
账号	120707564563456		收费种类	手续费						
	结算种类	单价	数量	金额						
				万	千	百	十	元	角	分
	承兑汇票	80.00	1				8	0	0	0
	人民币（大写） 捌拾元整					¥	8	0	0	0

项目 10：材料入库（月末汇总账务处理）

台州市阳明机械制造有限公司材料入库验收单

验收日期：2012 年 12 月 7 日

编号	6					类别		原料及主要材料		
来源	台州市宝蓝压铸钢铁有限公司					发票编号				
品名	规格	单位	数量		实际价格				计划价	
			来料数	实际数	单价	总价	运杂费	合计	单价	总价
元钢		千克	1 400	1 400	15.65	21 910.00	1 106.7	23 016.7	16	22 400.00
合计						21 910.00	1 106.7	23 016.7		22 400.00

供销主管：王朝阳　　　　　验收保管：赵平　　　　采购：徐大明　　　　　制单：赵平

项目11：以固定资产、原材料、银行存款对外投资

固定资产调拨单

2012 年 12 月 7 日　　　　　　　　　　　第　号

投资单位名称	台州市阳明机械制造有限公司				接受投资单位		台州志杨有限责任公司		
固定资产名称	规格型号	单位	数量	预计使用年限	已受用年限	原始价值	已提折旧	备注
螺旋杆器		台	1	10	2	200 000.00	40 000.00	
技术鉴定	设备完好				评估价值			170 000.00

单位签章：台州市阳明机械制造有限公司　　　接受投资单位签章：台州志杨有限责任公司

台州市阳明机械制造有限公司领料单

凭证编号：
发料仓库：

领料单位：台州志杨有限责任公司
用途：对外投资　　　　　　2012 年 12 月 7 日　　　　　计划单价：2.24 元

材料类别	材料名称	规格	计量单位	数量		金额	材料成本差异额	备注
				请领	实发			
原材料及主要材料	铸铁		千克	13 313.50	13 312.50	29 820.00	748.48	
合计						29 820.00	748.48	

供销主管：王朝阳　　　　　　制单：赵平　　　　　　发料人：张航宇

台州市阳明机械制造有限公司领料单

凭证单号：
发料仓库：

领料单位：台州志杨有限责任公司
用途：对外投资　　　　　　2012 年 12 月 7 日　　　　　计划单价：1.64 元

材料类别	材料名称	规格	计量单位	数量		金额	材料成本差异额	备注
				请领	实发			
原材料及主要材料	钢板		千克	24 500	24 500	40 180.00	1 008.52	
合计						40 180.00	1 008.52	

供销主管：王朝阳　　　　　　制单：赵平　　　　　　发料人：张航宇

投资协议书

经双方协商，台州市阳明机械制造有限公司以机器（螺旋杆器）1 台，原值为 200 000 元（已提折旧 40 000 元），评估作价 170 000 元，原材料一批，价税合计 83 955.69，其中铸铁实际成本 30 568.48 元，钢板实际成本 41 188.52 元，增值税额 12 198.69 元；人民币 100 000 元，向台州志杨有限责任公司投资，投资期限 5 年，占被投资企业所有者权益 10%，每年按投资比例分配税后利润。

甲方投资单位：台州市阳明机械制造有限公司
二〇一二年十二月三日

乙方接受投资单位：台州志杨有限责任公司
二〇一二年十二月三日

中国工商银行
转账支票存根
Ⅻ1144010

科目＿＿＿＿＿＿＿
对方科目＿＿＿＿＿
出票日期 2012 年 12 月 7 日

| 收款人 台州志杨有限责任公司 |
| 金额：¥100 000.00 |
| 用途：对外投资 |

单位主管：　　会计：

中国工商银行进账单

2012 年 12 月 7 日　　　　　　　　　　　　　　　　No.10002450

<table>
<tr><td rowspan="3">出票人</td><td>全　称</td><td>台州市阳明机械制造有限公司</td><td rowspan="3">收款人</td><td>全　称</td><td colspan="11">台州志杨有限责任公司</td></tr>
<tr><td>账　号</td><td>120707564563456</td><td>账　号</td><td colspan="11">120707556544122356</td></tr>
<tr><td>开户银行</td><td>中国工商银行台州市支行城东分理处</td><td>开户银行</td><td colspan="11">中国工商银行台州市城北支行</td></tr>
<tr><td rowspan="2">金额</td><td colspan="2">人民币（大写）
壹拾万元整</td><td>亿</td><td>千</td><td>百</td><td>十</td><td>万</td><td>千</td><td>百</td><td>十</td><td>元</td><td>角</td><td>分</td></tr>
<tr><td colspan="2"></td><td>¥</td><td>1</td><td>0</td><td>0</td><td>0</td><td>0</td><td>0</td><td>0</td><td>0</td><td>0</td></tr>
<tr><td>票据种类</td><td>转账支票</td><td>票据张数</td><td colspan="3" rowspan="2"></td><td colspan="10" rowspan="2">开户银行盖章</td></tr>
<tr><td>票据号码</td><td colspan="2">No.10002450</td></tr>
<tr><td colspan="3">复核：刘民　　记账：王中</td><td colspan="13"></td></tr>
</table>

项目 12：购入辅料，款项未付

1200061650　　　　　　　　　　**增值税专用发票**　　　　　　　　No.01461317

验证码：37021950484039456670　　　　　　　　　开票日期：2012 年 12 月 8 日

<table>
<tr><td rowspan="3">购货单位</td><td>名　称：台州市阳明机械制造有限公司</td><td rowspan="3">密码区</td><td rowspan="3">略</td></tr>
<tr><td>纳税人识别号：4414021968102388
地址、电话：台州温岭青松路 81865358</td></tr>
<tr><td>开户行及账号：中国工商银行台州市支行城东分理处
120707564563456</td></tr>
</table>

<table>
<tr><td>货物或应税劳务名称</td><td>规格型号</td><td>单位</td><td>数量</td><td>单价</td><td>金额</td><td>税率</td><td>税额</td></tr>
<tr><td>汽油</td><td></td><td>吨</td><td>2</td><td>1 250.00</td><td>2 500.00</td><td>17%</td><td>425</td></tr>
<tr><td>合计</td><td></td><td></td><td></td><td></td><td></td><td></td><td></td></tr>
</table>

价税合计（大写）	贰仟玖佰贰拾伍元整	（小写）¥2 925.00

<table>
<tr><td rowspan="3">销货单位</td><td>名　称：浙江省石油公司
纳税人识别号：441406587423321
地址、电话：浙江杭州石油公司
开户行及账号：中国工商银行杭州市西湖支行
110707653214523</td><td>备注</td><td></td></tr>
</table>

收款人：　　　　复核：徐茂　　　　开票人：秦汉关　　　　　销货单位：（章）

第二联：发票联

台州市阳明机械制造有限公司材料入库验收单

验收日期：2012 年 12 月 8 日

编号	3				类别	原料及主要材料
来源	浙江省石油公司				发票编号	

品名	规格	单位	数量		价格	
			来料数	实际数	单价	总价
汽油		吨	2	2	1 250.00	2 500.00
合计						2 500.00

供销主管：王朝阳　　　　　验收保管：赵平　　　　　采购：徐大明　　　　　制单：赵平

项目 13：销售产品，收到货款存入银行

中国工商银行进账单

签发日期：2012 年 12 月 8 日　　　　　　　No.102868

付款单位	全　称	台州市求成轴承有限公司		收款单位	全　称	台州市阳明机械制造有限公司		
	账　号	11020211190023561113			账　号	120707564563456		
	开户银行	中国工商银行台州市江山支行	清算行号 3208		开户银行	中国工商银行台州市台州市支行城东分理处	清算行号	3101

金额	人民币（大写）伍万叁仟捌佰贰拾元整	千	百	十	万	千	百	十	元	角	分
					¥ 5	3	8	2	0	0	0

用途或预算科目	销货款
单位主管：　会计：　出纳：　业务：	(付款单位开户银行盖章)

中国工商银行台州市支行
城东分理处
2012.12.08
业务专用章

1200061650 　　　　　　　　　　　　　　**增值税专用发票**　　　　　　No.01461319

验证码：37021950484039456670 　　　　　　　　　　　　开票日期：2012 年 12 月 8 日

购货单位	名　　　称：台州市求成轴承有限公司 纳税人识别号：441402195610061111 地址、电话：台州黄岩丰和路 8886553 开户行及账号：中国工商银行台州市江山支行 　　　　　　　11020211190023561113	密码区	略

货物或应税劳务名称	规格型号	单位	数量	单价	金额	税率	税额
6202 轴承		件	800	40.50	32 400.00	17%	5 508.00
6203 轴承		件	200	68.00	13 600.00	17%	2 312.00
合计					46 000.00		7 820.00

价税合计 （大写）	伍万叁仟捌佰贰拾元整	（小写）¥53 820.00

销货单位	名　　　称：台州市阳明机械制造有限公司 纳税人识别号：441402196810238８ 地址、电话：台州温岭青松路 81865358 开户行及账号：中国工商银行台州市支行城东分理处 　　　　　　　120707564563456	备注	税号：4414021968102388 发票专用章

收款人：　　　　　复核：林芬　　　　　开票人：许长春　　　　　销货单位：（章）

第一联：记账联

出 库 单

领用部门：销售部

领用用途：销售　　　　　　　　　　　　　　　　　　　2012 年 12 月 8 日

品名	规格	单位	请领数量	实发数量	单价	金　　额								
						百	十	万	千	百	十	元	角	分
6202 轴承		件	800	800										
6203 轴承		件	200	200										
合计				1 000										

仓库保管员：赵平　　　　　会计：张敏　　　　　领用人：王萍

项目 14：购入材料，款项尚未支付

托收承付凭证（承支付款通知）

委托时间 2012 年 11 月 28 日

				承 付 期 限						
				到期 2012 年 12 月 8 日						
付款人	全　称	台州市阳明机械制造有限公司	收款人	全　称	台州市宏远金属材料有限公司					
	账　号	120707564563456		账　号	1202021119002654723					
	开户银行	中国工商银行台州市支行城东分理处		开户银行	中国工商银行台州市支行椒江分理处		行号	3213		

托收金额	人民币（大写）贰万贰仟柒佰捌拾元整	千	百	十	万	千	百	十	元	角	分
					￥2	2	7	8	0	0	0

附　件	商品发运情况	合同名称号码
附寄单证张数或册数　3		

备注	付款人注意： 1．根据结算办法规定，上列托收款项，如超过承付期限并未拒付时，即是同意全部承付。如系金额支付即以此联代支款通知；如遇延付或部分支付时，再由银行另送延付或部分支付款通知。 2．如需提前承付或多承付时，应另写书面通知送银行办理。 3．如系全部或部分拒付，应在承付期限内另填拒绝承付理由送银行办理。

主管单位：　　　　会计：　　　　　　复核：　　　　　付款单位开户银行盖章

1200061650

增值税专用发票

验证码：37021950484039456670　　　　　　　　No.01461320

　　　　　　　　　　　　　　　　　　　　　　开票日期：2012 年 11 月 28 日

购货单位	名　　　称：台州市阳明机械制造有限公司 纳税人识别号：4414021968102388 地 址、电 话：台州温岭青松路 81865358 开户行及账号：中国工商银行台州市支行城东分理处 120707564563456	密码区	略

货物或应税劳务名称	规格型号	单位	数量	单价	金额	税率	税额
元钢		千克	5 000	2.20	11 000.00	17%	1 870.00
铸铁		千克	5 000	1.60	8 000.00	17%	1 360.00
合计					19 000.00		3 230.00

价税合计（大写）	贰万贰仟贰佰叁拾元整	¥22 230.00

销货单位	名　　　称：台州市宏远金属材料有限公司 纳税人识别号：4414031954080212 地 址、电 话：台州椒江秋远路 86667902 开户行及账号：中国工商银行台州市支行椒江分理处 12020211190026547 23	备注	税号:4414031954080212 发票专用章

收款人：　　　　　　复核：方石羊　　　　　　开票人：许未　　　　　　销货单位：（章）

第一联：记账联

公路、内河货物运输业统一发票

2012 年 11 月 8 日　　　　　　　　　　　　　发票代码：12563423232

　　　　　　　　　　　　　　　　　　　　　　发票号码：1230215

发票代码	12563423232	税控码	略		
发票号码	1230215				
编号					
收货人及纳税人识别号	台州市阳明机械制造有限公司 4414021968102388	承运人及纳税人识别号	台州快客运输公司 33102157291104		
发货人及纳税人识别号	台州市宏远金属材料有限公司 4414031954080212	主管税务机关及代码	台州市地方税务局 233262700		

运输项目及金额	货物名称	数量	单位运价	计费里程	金额	其他项目	费用名称	金额	备注
		10 吨		120	550			税号:33102157291104 发票专用章	

材料采购运杂费分配表

开票日期：2012 年 12 月 8 日   分配标准：按重量比例

发货单位	台州市宏远金属材料有限公司			
材料名称	重量	分配率	分配金额	备注
元钢	5 000		275	
铸铁	5 000		275	
合计	10 000	0.055	550	

会计主管：林芬   复核：崔岩   制表：赵平

台州市阳明机械制造有限公司材料入库验收单

验收日期：2012 年 12 月 8 日

编号	2							类别	原料及主要材料	
来源	台州市宏远金属材料有限公司							发票编号		
品名	规格	单位	数量		实际价格				计划价	
			来料数	实际数	单价	总价	运杂费	合计	单价	总价
铸铁		千克	5 000	5 000	2.20	11 000	255.75	11 275	2.24	11 255
钢板		千克	5 000	5 000	1.60	8 000	255.75	8 275	1.64	8 255.75
合计						19 000.00	511.5	19 511.5		19 400

供销主管：王朝阳   验收保管：赵平   采购：徐大明   制单：赵平

项目 15：计提本月折旧

41

固定资产折旧计算表

2012 年 12 月 8 日　　　　　　　　　　　　　　No.1

部　　门	固定资产名称	月折旧额
基本车间	生产厂房	1 080
	磨床设备	8 599
	抛光机	1 600
	液压机	247
	小计	11 526
厂部	办公楼	1 765
	小轿车	545
	空调	120
	小计	2 430
合　　计		13 956

项目 16：收回前欠货款

托收承付凭证（收账通知）

委托时间：2012 年 11 月 26 日

					承 付 期 限							
					到期 2012 年 12 月 8 日							
付款人	全　称	台州市求成轴承有限公司		收款人	全　称	台州市阳明机械制造有限公司						
	账　号	1102021119002356113			账　号	120707564563456						
	开户银行	中国工商银行台州市江山支行			开户银行	中国工商银行台州市支行城东分理处	行号	101				

托收金额	人民币（大写）　柒万叁仟贰佰叁拾元整	千	百	十	万	千	百	十	元	角	分
				¥	7	3	2	3	0	0	0

附　　件		商品发运情况		合同名称号码	
附寄单证张数或册数					
		款项收妥日期		收款人开户银行盖章	

项目 17：计提本月工会经费和职教经费，并支付工会经费

工会经费计算表

2012 年 12 月 8 日

月份	工资总额	提取率	应拨工会经费额
11	50 684	2%	1 013.68
小计	50 684	2%	1 013.68

职工教育经费计算表

2012 年 12 月 8 日

月份	工资总额	提取率	应拨工会经费额
11	50 684	1.5%	760.26
小计	50 684	1.5%	760.26

中国工商银行

转账支票存根

X 0404171

科目＿＿＿＿＿＿

对方科目＿＿＿＿

出票日期 2012 年 12 月 8 日

收款人：台州市阳明机械制造有限公司工会		
金额：¥1 013.68		
用途：工会经费		

单位主管：　会计：

中国工商银行**进账单**

2012 年 12 月 8 日　　　　　　　　　　　　　　No.10001683

出票人	全　称	台州市阳明机械制造有限公司	收款人	全　称	台州市阳明机械制造有限公司工会
	账　号	120707564563456		账　号	120707564563465
	开户银行	中国工商银行 台州市支行城东分理处		开户银行	中国工商银行 台州市支行城东分理处

金额	人民币（大写） 壹仟零壹拾叁元陆角捌分	亿	千	百	十	万	千	百	十	元	角	分
							¥	1	0	1	3	6	8

票据种类	转账 支票	票据 张数		开户银行盖章
票据号码	No.10001683			
复核：刘民　　记账：王中				

领　款　凭　证

2012 年 12 月 8 日　　　　　　　　　　　　　　No.1001

今收到：财务部

人民币：壹仟零壹拾叁元陆角捌分　¥1 013.68　　　现金付讫

系付：工会经费

单位盖章　　　　　会计：张敏　　　　　出纳：崔敏　　　　　经办人：王东

项目 18：材料入库（月末汇总账务处理）

台州市阳明机械制造有限公司材料入库验收单

验收日期：2012 年 12 月 8 日

编号		5					类别		钢珠
来源	台州市宏远金属材料有限公司						发票编号		

品名	规格	单位	数量		实际价格				计划价	
			来料数	实际数	单价	总价	运杂费	合计	单价	总价
钢珠						4 400	93	4 493		4 460
合计						4 400	93	4 493		4 460

供销主管：王朝阳　　　验收保管：赵平　　　采购：徐大明　　　制单：赵平

项目 19：支付上月各项税费

中国工商银行
转账支票存根
XⅡ0555875

科目_____

对方科目_____

出票日期 2012 年 12 月 9 日

| 收款人：台州市地方税务局 |
| 金额：¥1 348.92 |
| 用途：交 11 月份地方税款 |

单位主管：　会计：

中国工商银行
转账支票存根
XⅡ05558660

科目_____

对方科目_____

出票日期 2012 年 12 月 9 日

| 收款人：国家税务局 |
| 金额：¥11 078.76 |
| 用途：交 11 月份地方税款 |

单位主管：　会计：

中国工商银行**进账单**

2012 年 12 月 9 日   No.05558660

出票人	全　　称	台州市阳明机械制造有限公司	收款人	全　　称	国家税务局
	账　　号	120707564563456		账　　号	110606321654321031
	开户银行	中国工商银行台州市支行城东分理处		开户银行	中国工商银行台州市城西支行

金额	人民币（大写）壹万壹仟零柒拾捌元柒角陆分	亿	千	百	十	万	千	百	十	元	角	分
						¥	1	1	0	7	8	7	6

票据种类	转账支票	票据张数	
票据号码	No.05558660		开户银行盖章

复核：刘民　　　记账：王中

电子缴税付款凭证

征收机关：温岭市地方税务局城区税务分局   转账日期：2012 年 12 月 9 日

纳税人名称	台州市阳明机械制造有限公司		
纳税人识别号	4414021968102388	收款国库（银行）名称	中国银行
付款人全称	台州市阳明机械制造有限公司		
付款人账号	120707564563456	付款人开户银行	中国工商银行台州市支行城东分理处

税（费）种名称	税款所属期	实缴金额
城市维护建设税——小城市	2012.11.01～11.30	1 105.24
教育费附加——教育费附加收入	2012.11.01～11.30	243.68

金额合计（大写）：壹仟叁佰肆拾捌元玖角贰分
小写：¥1 348.92

本付款凭证与银行对账单付款记录一致才有效	上述款项已扣缴，请与银行对账单核对一致
征收机关（章）	扣缴单位（章）

浙国电 No

中华人民共和国税收电子转账专用完税证

税收人编码：3326230001256   填发日期：2012 年 12 月 9 日

税务登记证代码	3312121245441	征收机关	
税纳税人全称	台州市阳明机械制造有限公司	收款银行	中国农业银行
税（费）种	级次	税款所属时期	实缴金额
增值税		2012 年 11 月 1～30 日	¥11 078.76
金额合计	¥11 078.76	（大写）壹万壹仟零柒拾捌元柒角陆分	
浙江省国家税务局 征税 专用章	收款银行（盖章） 银税 张敏	经手人（盖章）	备注

中国工商银行进账单

2012 年 12 月 9 日   No.0555875

出票人	全　　称	台州市阳明机械制造有限公司		收款人	全　　称	地方税务局									
	账　　号	120707564563456			账　　号	110606321654321241									
	开户银行	中国工商银行台州市支行城东分理处			开户银行	中国工商银行台州市城西支行									
金额	人民币（大写） 壹万壹仟零柒拾捌元柒角陆分		亿	千	百	十	万	千	百	十	元	角	分
						¥	1	1	0	7	8	7	6
票据种类	转账支票	票据张数											
票据号码	No.0555875			中国工商银行台州市支行 城东分理处 2012.12.09 业务专用章						
复核：刘民　　记账：王中										

项目 20：销售材料，货款及代垫的运费尚未收到

20-1

```
┌─────────────────────────────────┐
│         中国工商银行               │
│         转账支票存根               │
│         XII10001684              │
│  科目_____                    │
│  对方科目_____                  │
│  出票日期 2012 年 12 月 9 日      │
│ ┌───────────────────────────┐   │
│ │ 收款人：台州迅通铁路局东分    │   │
│ ├───────────────────────────┤   │
│ │ 金额：200.00              │   │
│ ├───────────────────────────┤   │
│ │ 用途：代垫运杂费           │   │
│ └───────────────────────────┘   │
│  单位主管：  会计：              │
└─────────────────────────────────┘
```

20-2

托收承付凭证（回单）

委托时间 2012 年 12 月 9 日

						承 付 期 限								
						到期 2012 年 12 月 15 日								
付款人	全　　称	台州晴杨钢材有限公司		收款人	全　　称	台州市阳明机械制造有限公司								
	账　　号	1207089533214545112			账　　号	120707564563456								
	开户银行	中国工商银行台州市枫红路支行			开户银行	中国工商银行台州市支行城东分理处	行号		101					
托收金额	人民币（大写） 肆仟柒佰陆拾叁元整				千	百	十	万	千	百	十	元	角	分
								¥ 4	7	6	3	0	0
附　　件		商品发运情况			合同名称号码									
附寄单证张数或册数	2													
备注		款项收妥日期 　年　月　日				收款人开户银行盖章 12 月 9 日								

1200061650
验证码：3702195048403945567 0

增值税专用发票

No.01461321

开票日期：2012 年 12 月 9 日

购货单位	名　　称：台州晴杨钢材有限公司 纳税人识别号：4414021968169874 地 址、电 话：台州黄岩枫红路 66543211 开户行及账号：中国工商银行台州市枫红路支行 　　　　　　1207089533214545112	密码区	略

货物或应税劳务名称	规格型号	单位	数量	单价	金额	税率	税额
元钢		千克	2 000	1.95	3 900.00	17%	663.00
合计					3 900.00		663.00

价税合计（大写）肆仟伍佰陆拾叁元整　　　　　　　　　（小写）¥4 563.00

销货单位	名　　称：台州市阳明机械制造有限公司 纳税人识别号：4414021968102388 地 址、电 话：台州温岭青松路 81865358 开户行及账号：中国工商银行台州市支行城东分理处 　　　　　　120707564563456	备注	税号：4414021968102388 发票专用章

收款人：　　　　复核：林芬　　　　开票：许长春　　　　销货单位：（章）

第一联：记账联

出　库　单

领用部门：销售部

领用用途：销售

2012年12月9日

品名	规格	单位	请领数量	实发数量	单价	金　　额								
						百	十	万	千	百	十	元	角	分
元钢		千克	200	200										
合　　计				200										

仓库保管员：赵平　　　　会计：张敏　　　　领用人：王萍

公路、内河货物运输业统一发票

发票联

发票代码：12365485631
发票号码：12120988

发票代码	12365485631	税控码	略							
发票号码	12120988									
编　号										
收货人及纳税人识别号	台州晴杨钢材有限公司 4414021968169874	承运人及纳税人识别号	台州迅通铁路局 331021572865214							
发货人及纳税人识别号	台州市阳明机械制造有限公司 4414021968102388	主管税务机关及代码	台州市地方税务局 233262700							
运输项目及金额	货物名称	数量	单位运价	计费里程	金额	其他项目	费用名称	金额	备注
		4件		500	¥200				代台州晴杨钢材有限公司垫付

项目21：销售产品，收到货款存入银行

中国工商银行进账单

2012 年 12 月 10 日   No.10001684

付款人	全　称	台州市求成轴承有限公司	收款人	全　称	台州市阳明机械制造有限公司										
	账　号	1102021119002356113		账　号	120707564563456										
	开户银行	中国工商银行台州市江山支行		开户银行	中国工商银行台州市支行城东分理处										
金额	人民币（大写） 贰拾捌万壹仟壹佰伍拾壹元整			亿	千	百	十	万	千	百	十	元	角	分
						¥	2	8	1	1	5	1	0	0
票据种类	转账支票	票据张数		开户银行盖章 2012.12.10										
票据号码	No.10001684													
复核：		记账：												

1200061650

验证码：37021950484039456670

增值税专用发票

No.01461322

开票日期：2012 年 12 月 10 日

购货单位	名　　　称：台州市求成轴承有限公司 纳税人识别号：4414021956100611111 地 址、电 话：台州黄岩丰和路 8886553 开户行及账号：中国工商银行台州市江山支行 　　　　　　　1102021119002356113	密码区	略

货物或应税劳务名称	规格型号	单位	数量	单价	金额	税率	税额
6202 轴承		件	1 400	40.50	56 700.00	17%	9 639.00
6203 轴承		件	2 700	68.00	183 600.00	17%	31 212.00
合计					240 300.00		40 851.00

价税合计 （大写）	贰拾捌万壹仟壹佰伍拾壹元整　　　小写：¥281 151.00

销货单位	名　　　称：台州市阳明机械制造有限公司 纳税人识别号：4414021968102388 地 址、电 话：台州温岭青松路 81865358 开户行及账号：中国工商银行台州市支行城东分理处 　　　　　　　120707564563456	备注	税号:4414021968102388 发票专用章

收款人：　　　　　复核：林芬　　　　　开票人：许长春　　　　　销货单位：（章）

第一联：记账联

出 库 单

领用部门：销售部

领用用途：销售

2012年12月10日

品名	规格	单位	请领数量	实发数量	单价	金 额								
						百	十	万	千	百	十	元	角	分
6202 轴承		件	1 400	1 400										
6203 轴承		件	2 700	2 700										
合计				4 100										

仓库保管员：赵平　　　　　会计：张敏　　　　　领用人：王萍

项目 22：支付结算医疗费

台州市人民医院医疗费汇总结算单

2012 年 12 月 11 日   No.42486

单位	台州市阳明机械制造有限公司	医疗合同号	225
医疗人数	23 人次	联单张数	25 张
医疗费总计	人民币（大写）壹仟肆佰陆拾贰元整		¥1 462.00
台州市人民医院（结算章）结算专用章			

主管：林芬   会计：周建   制单：马铁

浙江省医疗机构门诊收费收据

医保卡号：

姓名：全体员工（11.1～11.30）   单位：元

项　目	金　额	项　目	金　额
西药费	1 400	化验费	
中药费		治疗费	
中成药			
挂号费	10	手术费	
诊查费		输血费	
检查费		输氧费	
放射费		材料费	0
		其他	52
合计	¥1 410		¥52

注：其中刘明儿子的医药费 400 元，公司只承担 200 元，另 200 元由刘明承担，将从其工资中扣回。

中国工商银行

转账支票存根

XⅡ1001692

科目＿＿＿＿＿＿

对方科目＿＿＿＿

出票日期 2012 年 12 月 11 日

| 收款人：台州市人民医院 |
| 金额：¥1 462.00 |
| 用途：医药费 |

单位主管：　　会计：

中国工商银行**进账单**

2012 年 12 月 11 日   No.1001692

出票人	全　称	台州市阳明机械制造有限公司	收款人	全　称	台州市人民医院									
	账　号	120707564563456		账　号	1207076858569565									
	开户银行	中国工商银行台州市支行城东分理处		开户银行	中国工商银行台州市城西支行									

金额	人民币（大写）壹仟肆佰陆拾贰元整	亿	千	百	十	万	千	百	十	元	角	分
							¥ 1	4	6	2	0	0

票据种类	转账支票	票据张数	
票据号码	No.1001692		开户银行盖章
复核：刘民　记账：王中			

项目 23：材料入库（月末汇总账务处理）

台州市阳明机械制造有限公司材料入库验收单

验收日期：2012 年 12 月 11 日

编号			6					类别	原料及主要材料
来源	台州市宏远金属材料有限公司							发票编号	

品名	规格	单位	数量		实际价格				计划价	
			来料数	实际数	单价	总价	运杂费	合计	单价	总价
铸铁		千克	3 500	3 500	2.22	7 770.00	179.02	7 962.50	2.24	7 840.00
钢板		千克	6 500	6 500	1.59	10 335.00	332.48	10 692.50	1.64	10 660.00
						18 105.00	511.5	18 616.50		18 500.00

供销主管：王朝阳　　　　　验收保管：赵平　　　　采购：徐大明　　　　制单：赵平

项目 24：购入材料，款项未付

公路、内河货物运输业统一发票

发票联

2012 年 12 月 12 日

发票代码：1268542320
发票号码：1240330

发票代码		1268542320			税控码		略			
发票号码		1240330								
编号										
收货人及纳税人识别号	台州市阳明机械制造有限公司 4414021968102388				承运人及纳税人识别号		台州迅通铁路局 331021572865214			
发货人及纳税人识别号	台州市宏远金属材料有限公司 4414031954080212				主管税务机关及代码		台州市地方税务局 233262700			
运输项目及金额	货物名称	数量	单位运价	计费里程	金额	其他项目	费用名称	金额		备注
				150	450					代台州市阳明机械制造有限公司垫付

材料采购运杂费分配表

开票日期：2012 年 12 月 12 日   分配标准：按重量比例

发货单位	华大公司			
材料名称	重量	分配率	分配金额	备注
铸铁	3 000		225.00	
钢板	3 000		225.00	
合计	6 000	0.075	450.00	

会计主管：林芬   复核：崔岩   制表：赵平

托收承付凭证（承支付款通知）

委托时间：2012 年 12 月 7 日

			承 付 期 限									
			到期 2012 年 12 月 12 日									
付款人	全　称	台州市阳明机械制造有限公司	收款人	全　称	台州市宏远金属材料有限公司							
	账号	120707564563456		账　号	1202021119002654723							
	开户银行	中国工商银行台州市支行城东分理处		开户银行	中国工商银行台州市支行椒江分理处	行号						
托收金额	人民币（大写）壹万叁仟贰佰陆拾壹元伍角				千	百	十 万	千	百	十 元	角	分
					¥	1	3 2	6	1	5	0	
附　件		商品发运情况		合同名称号码								
附寄单证张数或册数												
备注		款项收妥日期										

主管单位：   会计：   复核：   付款单位开户银行盖章

1200061650 　　　　　　　　　　　**增值税专用发票**　　　　　　　No.01461323

验证码：37021950484039456670 　　　　　　　　　　开票日期：2012 年 12 月 7 日

购货单位	名　　称：台州市阳明机械制造有限公司 纳税人识别号：4414021968102388 地址、电话：台州温岭青松路 81865358 开户行及账号：中国工商银行台州市支行城东分理处 120707564563456	密码区	略

货物或应税劳务名称	规格型号	单位	数量	单价	金额	税率	税额
元钢		千克	3 000	2.15	6 450.00	17%	1 096.50
铸铁		千克	3 000	1.50	4 500.00	17%	765.00
合计					10 950.00		1 861.50

价税合计（大写）	壹万贰仟捌佰壹拾壹元伍角整	（小写）¥12 811.50

销货单位	名　　称：台州市宏远金属材料有限公司 纳税人识别号：4414031954080212 地　址、电话：台州椒江秋远路 86667902 开户行及账号：中国工商银行台州市支行椒江分理处 1202021119002654723	备注	税号:4414031954080212 发票专用章

第二联：发票联

收款人：　　　　复核：方石羊　　　　开票：许未　　　　销货单位：（章）

项目 25：发出材料，委托外加工单位加工

台州市阳明机械制造有限公司委托加工材料发料单

加工单位：温岭金属材料加工厂

加工合同：001 号　　　　　　　　2012 年 12 月 13 日　　　　　　发料仓库：2 号材料库

材料编号	材料名称	规格	计量单位	数量	材料成本		
					计划单价	金额	应摊成本差异
	铸铁		千克	2 000	2.24	4 480.00	112.45
	元钢					250.00	6.27
合　计				2 000		4 730.00	118.72

备注：完成日期：2012 年 12 月 30 日

仓库保管员：赵平　　　　　发料人：张航宇　　　　　经办人：王东

公路、内河货物运输业统一发票

发票联

开票日期：2012 年 12 月 13 日

发票代码：2001110122
发票号码：143322

发票代码	2001110122	税控码	略		
发票号码	143322				
编号	49900060405				
收货人及纳税人识别号	温岭金属钢材加工厂 4414021968103654	承运人及纳税人识别号	台州快客运输公司 33102157291104		
发货人及纳税人识别号	台州市阳明机械制造有限公司 4414021968102388	主管税务机关及代码	台州市地方税务局 233262700		

运输项目及金额	货物名称	数量	单位运价	计费里程	金额	其他项目	费用名称	金额	备注
	铸铁及元钢	2 000	0.08	50	¥160.00				温岭泽国

中国工商银行

转账支票存根

XⅡ10001685

科目_____

对方科目_____

出票日期 2012 年 12 月 13 日

收款人：台州快客运输公司
金额：¥160.00
用途：运杂费

单位主管： 会计：

中国工商银行**进账单**

2012 年 12 月 13 日   No.10001685

出票人	全　　称	台州市阳明机械制造有限公司	收款人	全　　称	台州快客运输公司
	账　　号	120707564563456		账　　号	1207073310215544
	开户银行	中国工商银行台州市支行城东分理处		开户银行	中国工商银行台州市城西支行

金额	人民币（大写）壹佰陆拾元整	亿	千	百	十	万	千	百	十	元	角	分
							¥	1	6	0	0	0

票据种类	转账支票	票据张数	
票据号码	No.10001685		

开户银行盖章

复核：刘民　　记账：王中

项目 26：销售产品，货款及代垫的运费尚未收到

托收承付凭证（回单）

委托时间：2012 年 12 月 14 日

承　付　期　限
到期 2012 年 12 月 25 日

付款人	全　　称	台州市南口机械有限公司	收款人	全　　称	台州市阳明机械制造有限公司		
	账　　号	12070756456062354		账　　号	120707564563456		
	开户银行	中国工商银行台州市山城分理处		开户银行	中国工商银行台州市支行城东分理处	行号	101

托收金额	人民币（大写）贰拾壹万贰仟玖佰壹拾捌元壹角整	千	百	十	万	千	百	十	元	角	分
		¥	2	1	2	9	1	8	1	0

附　　件	商品发运情况	合同名称号码
附寄单证张数或册数		
备注	款项收妥日期年 月 日	收款人开户银行盖章

中国工商银行
转账支票存根
XⅡ10001686
科目＿＿＿＿＿＿
对方科目＿＿＿＿
出票日期 2012 年 12 月 14 日

| 收款人：储运公司 |
| 金额：¥2 247.90 |
| 用途：代垫运杂费 |

单位主管：　　会计：

出　库　单

领用部门：销售部
领用用途：销售

2012年12月14日

品名	规格	单位	请领数量	实发数量	单价	金　额								
						百	十	万	千	百	十	元	角	分
6202 轴承		件	920	920										
6203 轴承		件	2 100	2 100										
合计				3 020										

仓库保管员：赵平　　　　　　　会计：张敏　　　　　　　领用人：王萍

1200061650

验证码：37021950484039456670

增值税专用发票

No.01461324

开票日期：2012 年 12 月 14 日

| 购货单位 | 名　　称：台州市南口机械有限公司
纳税人识别号：441404196304065555
地　址、电话：台州温岭大溪路 83356688
开户行及账号：中国工商银行台州市山城分理处
　　　　　　　12070756456062354 | | | | | | 密码区 | 略 | | |

货物或应税劳务名称	规格型号	单位	数量	单价	金额	税率	税额
6202 轴承		件	920	40.50	37 260.00	17%	6 334.20
6203 轴承		件	2 100	68.00	142 800.00	17%	24 276.00
合计					¥180 060.00		¥30 610.20

| 价税合计
（大写） | 贰拾壹万零陆佰柒拾元贰角整 | （小写）¥210 670.20 |

| 销货单位 | 名　　称：台州市阳明机械制造有限公司
纳税人识别号：4414021968102388
地　址、电话：台州温岭青松路 81865358
开户行及账号：中国工商银行台州市支行城东分理处
　　　　　　　120707564563456 | 备注 | 税号：4414021968102388
发票专用章 |

收款人：　　　　　　复核：林芬　　　　　开票人：许长春　　　　　销货单位：（章）

第一联：记账联

中国工商银行**进账单**

2012 年 12 月 14 日

No.10001686

出票人	全　称	台州市阳明机械制造有限公司	收款人	全　称	台州市人民医院
	账　号	120707564563456		账　号	1207076858569565
	开户银行	中国工商银行台州市支行城东分理处		开户银行	中国工商银行台州市城西支行

金额	人民币（大写） 陆拾万元整	亿	千	百	十	万	千	百	十	元	角	分
				¥	6	0	0	0	0	0	0	0

票据种类	转账支票	票据张数		开户银行盖章
票据号码	No.10001686			中国工商银行台州市支行城东分理处 2012.12.14 业务专用章

复核：刘民　　记账：王中

<u>公路、内河货物运输业统一发票</u>

发 票 联

发票代码：1356487521
发票号码：12065487

发票代码	1356487521	税控码	略
发票号码	12065487		
编号			
收货人及纳税人识别号	台州市南口机械有限公司 441404196304065555	承运人及纳税人识别号	台州迅通铁路局 331021572865214
发货人及纳税人识别号	台州市阳明机械制造有限公司 4414021968102388	主管税务机关及代码	台州市地方税务局 233262700

运输项目及金额	货物名称	数量	单位运价	计费里程	金额	其他项目	费用名称	金额	备注
		3 020 件			2 247.90				代台州市南口机械有限公司垫付

注：此联交收货单位。

项目 27：购料，本月已预付部分账款，余款以银行存款支付（运费按买价分配）

中国工商银行（信汇回单）

委托日期：2012 年 12 月 8 日

付款单位	全称	台州市阳明机械制造有限公司	收款单位	全称	台州市宝蓝压铸钢铁有限公司
	账号	120707564563456		账号	11021386123654563
	汇出地点	台州	汇出行	中国工商银行台州市支行城东分理处	汇入地点 台州	汇入行名称 中国工商银行台州市长寿路支行

金额	人民币（大写）贰万贰仟叁佰柒拾柒元伍角整	千	百	十	万 2	千 2	百 3	十 7	元 7	角 5	分 0
					¥						

汇款用途：预付货款

上列款项已根据委托办理，如需查询，请持此单来行面洽。

汇出行盖章

2012.12.08

单位主管： 会计： 复核： 记账：

200061650
验证码：37021950484039456670

增值税专用发票

No.01461325
开票日期：2012 年 12 月 8 日

购货单位	名　　称：台州市阳明机械制造有限公司 纳税人识别号：4414021968102388 地　址、电话：台州温岭青松路 81865358 开户行及账号：中国工商银行台州市支行城东分理处 　　　　　　　120707564563456					密码区	略		
货物或应税劳务名称	规格型号	单位	数量	单价	金额	税率	税额		
铸铁		千克	2 500	2.00	5 000.00	17%	850.00		
元钢		千克	3 5000	1.45	50 750.00	17%	8 627.50		
合计					¥55 750.00		¥9 477.50		

价税合计（大写）	陆万伍仟贰佰贰拾壹元伍角整	（小写）¥65 227.50

销货单位	名　　称：台州市宝蓝压铸钢铁有限公司 纳税人识别号：4414021969090967 地　址、电话：台州长寿路 130 号 开户行及账号：中国工商银行台州市长寿路支行 　　　　　　　11021386123654563	备注	税号:4414021969090967 发票专用章

收款人：　　　　复核：赵宝玉　　　　开票人：许树人　　　　销货单位：（章）

第二联：发票联

浙江省台州市工商企业统一收款收据

收据联

2012 年 12 月 8 日

发票代码：13310126265
发票号码：00102310

缴款单位（人）	台州市阳明机械制造有限公司		
款项内容	预付货款	收款方式	转账
合计人民币（大写）	伍万元整　　¥50 000.00		
备注：12 月 6 日 已汇	收款单位盖章	收款人签章	

第二联：收据联

公路、内河货物运输业统一发票

发票联

2012 年 12 月 8 日

发票代码：20012365412
发票号码：2134456

发票代码	20012365412	税控码	略
发票号码	2134456		
编号			
收货人及纳税人识别号	台州市阳明机械制造有限公司 4414021968102388	承运人及纳税人识别号	台州迅通铁路局 331021572865214
发货人及纳税人识别号	台州市宝蓝压铸钢铁有限公司 4414021969090967	主管税务机关及代码	台州市地方税务局 233262700

运输项目及金额	货物名称	数量	单位运价	计费里程	金额	其他项目	费用名称	金额	备注
	铸铁 元钢	2 500 3 500		200	¥2 650				代台州市阳明机械制造有限公司垫付

第二联：发票联

材料采购运杂费分配表

开票日期：2012 年 12 月 14 日

发货单位	广兴公司			
材料名称	分配标准（买价）	分配率	分配金额	备注
铸铁	5 000.00			
元钢	50 750.00			
合计	55 750.00	0.047 533 6	2 464.5	

会计主管：林芬　　　　　　　复核：崔岩　　　　　　　制表：赵平

台州市阳明机械制造有限公司材料入库验收单

验收日期：2012 年 12 月 14 日

编号			7					类别		原料及主要材料	
来源	台州市宝蓝压铸钢铁有限公司							发票编号			
品名	规格	单位	数量		实际价格					计划价	
			来料数	实际数	单价	总价	运杂费	合计		单价	总价
铸铁		千克	2 500	2 500	2.00	5 000.00	221.03	5 237.67		2.24	5 600.00
钢板		千克	3 500	3 500	14.50	50 750.00	2 243.47	53 162.33		16.00	56 000.00
合计						55 570.00	2 465.5	58 034.50			61 600.00

供销主管：王朝阳   验收保管：赵平   采购：徐大明   制单：赵平

项目 28：支付办理银行承兑汇票的保证金

中国工商银行**进账单**

2012 年 12 月 14 日   No.XII10001686

出票人	全　　称	台州市阳明机械制造有限公司	收款人	全　　称	台州市阳明机械制造有限公司										
	账　　户	120707564563456		账　　户	12070756456447856										
	开户银行	中国工商银行台州市城东分理处		开户银行	中国工商银行台州市支行城东分理处										
金额	人民币（大写）壹万叁仟伍佰元整				亿	千	百	十	万	千	百	十	元	角	分
								¥	1	3	5	0	0	0	0
票据种类	转账支票	票据张数			备注：承兑定期 6 个月										
票据号码	No.XII10001686				开户银行盖章										
复核：	记账：														

中国工商银行
转账支票存根
XII100016548
科目_____
对方科目_____
出票日期 2012 年 12 月 14 日

收款人：台州市阳明机械制造有限公司
金额：¥13 500.00
用途：承兑保证金定期 6 个月

单位主管：   会计：

项目 29：购入股票，以银行存款支付手续费和成本

浙江省台州市工商企业统一收款收据

发票联

发票代码：1331012458
发票号码：124757

2012 年 12 月 15 日

缴款单位（人）	台州市阳明机械制造有限公司		
款项内容	股票 50 250 元	收款方式	转账
合计人民币（大写）	伍万零贰佰伍拾元整 ¥50 250.00		
备注	收款单位盖章	收款人签章	

第二联：发票联

中国工商银行
转账支票存根
XⅡ100014245

科目_____

对方科目_____

出票日期 2012 年 12 月 15 日

收款人：证券公司

金额：¥50 250.00

用途：股票

单位主管：   会计：

中国工商银行进账单

2012 年 12 月 15 日   No.XⅡ100014245

出票人	全 称	台州市阳明机械制造有限公司	收款人	全 称	台州证券公司
	账 号	120707564563456		账 号	1207076547787954
	开户银行	中国工商银行台州市支行城东分理处		开户银行	中国工商银行台州市城西支行

金额	人民币（大写）伍万零贰佰伍拾元整	亿	千	百	十	万	千	百	十	元	角	分
						¥5	0	2	5	0	0	0

票据种类	转账支票	票据张数	开户银行盖章
票据号码	No.XⅡ100014245		
复核：刘民 记账：王中			

项目 30：上交总公司本年度上交管理费

中国工商银行

转账支票存根

XⅢ1001689

科目＿＿＿＿＿

对方科目＿＿＿＿

出票日期 2012 年 12 月 16 日

收款人：总公司
金额：¥5 000.00
用途：管理费

单位主管：　　会计：

浙江省国家税务局通用机打发票

发票联

开票日期：2012.12.16

行业分类：货物销售

发票代码：133101130340

发票号码：05632665

购货方名称：台州市阳明机械制造有限公司	销售方名称：浙江省阳明机械制造总公司
购货方地址电话：台州温岭	销售方地址：浙江杭州
购货方识别号：33108195698754	销售费用识别号：33108195645231
购货方银行及账号：120707564563456	销售费用银行及账号：1207075645665476

管理费用	数量 1	单价	总值
开票金额：（大写）　伍仟元整		5 000.00	5 000.00

税号：4414021968102388

发票专用章

开票人：　　　　　　　　　　　　　　　开票单位：

第二联：发票联

项目 31：购入药品，款项已支付

中国工商银行
转账支票存根
XⅢ1001690

科目＿＿＿＿＿＿

对方科目＿＿＿＿＿

出票日期 2012 年 12 月 16 日

| 收款人：市医药公司 |
| 金额：¥3 486.60 |
| 用途：药品费 |

单位主管：　会计：

200061650

验证码：37021950484039456670

增值税专用发票

No.01461325

开票日期：2012 年 12 月 16 日

购货单位	名　　　称：台州市阳明机械制造有限公司 纳税人识别号：4414021968102388 地址、电话：台州温岭青松路 81865358 开户行及账号：中国工商银行台州市支行城东分理处 120707564563456					密码区	略	
货物或应税劳务名称	规格型号	单位	数量	单价	金额	税率	税额
药品		批	1	2 980	2 980.00	17%	506.60
合计							
价税合计（大写）　叁仟肆佰捌拾陆元陆角					（小写）¥3 486.60		
销货单位	名　　　称：温岭市医药公司 纳税人识别号：4401402171010143 开户行及账号：中国工商银行台州市支行城东分理处 11021102120120010558					备注		

收款人：　　　复核：杨开拓　　　开票人：白颜启　　　销货单位：（章）

第二联：发票联

项目 32：支付工程临时工工资

台州市阳明机械制造有限公司费用报销领款单

2012 年 12 月 16 日

领款事由	生产车间扩建工程临时工工资	
领款金额	叁佰伍拾元整　　¥350.00	
审核意见	同意付款　　　领导人盖章	
领款单位	生产车间	领款人：赵康近

中国工商银行

现金支票存根

ⅫI1013490

科目＿＿＿＿＿

对方科目＿＿＿＿

出票日期 2012 年 12 月 16 日

收款人：台州市阳明机械制造有限公司工资专用账户
金额：¥350.00
用途：工资

单位主管：　会计：

项目 33：发放 11 月份职工工资

工资发放汇总表
2012 年 11 月　　　　　　　　　　　　　　　　　单位：元

基本部门、类型		职工人数	标准工资	应扣工资		各项补贴	应付工资	代扣款项					实发金额
				缺勤事假	病假	食品补贴		水电费	家属医药费	伙食费	社会保险费	合计	
基本生产车间	生产工人	118	271 400	1 200	600.00	35 400	305 000	3 160.50	950	550	5 640	10 300.50	294 699.50
	管理人员	12	26 210	310	1 450.44	550	24 990.56	270	280	180	220	950	24 040.56
	小计	110	297 610	1 510	2 050.44	35 950	329 990.56	3 430.5	1 230	730	586	11 250.50	318 740.06
援外工程人员（技术转让）		1	7 800			220	8 020						8 020
机床大修工程		3	10 800			1 000	11 800						11 800
车间扩建工程		5	22 800	370.50	100	500	23 850	180		70.50	250	500.50	23 340.50
机修车间		5	7 400	270	80	250	7 620	30.50	140	80	100	350.50	7 260.50
企业管理部门		6	32 430	750	350	1 700	33 030.00	200.50	350	110.50	680	1 350.00	31 680.00
合计		150	378 840	4 410.5	2 580.44	39 620	414 310.56	3 841.5	1 720	1 791.5	1 616	13 451.50	400 841.06
医务室、托儿所		8	5 470	120	80	200	5 470	35		80		115	5 355
六个月以上长病假人员		2	2 430			150	2 580		470			470	2 110
总计		160	386 740	4530.5	2 660.44	39 970	422 360.56	3 876.5	2 190	1 791.5	1 696	13 566.5	408 306.6

中国工商银行

转账支票存根

XⅡ0078210

科目_____

对方科目_____

出票日期 2012 年 12 月 17 日

收款人：台州市阳明机械制造有限公司工资专用账户
金额：¥408 306.6
用途：工资发放

单位主管：　会计：

项目 34：支付 11 月份社会保险费用

中国工商银行

转账支票存根

XⅡ10047584

科目_____

对方科目_____

出票日期 2012 年 12 月 17 日

收款人：台州地税局
金额：¥7 349.00
用途：11 月份社保费

单位主管：　会计：

中国工商银行进账单

2012 年 12 月 17 日   No.10047584

出票人	全　称	台州市阳明机械制造有限公司	收款人	全　称	台州地税局
	账　号	120707564563456		账　号	1207076856598445
	开户银行	中国工商银行台州市支行城东分理处		开户银行	中国工商银行台州市城西支行

金额	人民币（大写）柒仟叁佰肆拾玖元整	亿	千	百	十	万	千	百	十	元	角	分
							￥	7	3	4	9	0	0

票据种类	转账支票	票据张数		开户银行盖章
票据号码	XII10047584			
复核：刘民　　记账：王中				

（盖章：中国工商银行台州市支行 城东分理处 2012.12.17 业务专用章）

项目35：销售材料，款项已收

中国工商银行进账单

2012 年 12 月 10 日   No.1025698

出票人	全　称	温岭市机电公司	收款人	全　称	台州市阳明机械制造有限公司
	账　号	1207075245123654		账　号	120707564563456
	开户银行	中国工商银行台州市万寿支行		开户银行	中国工商银行台州市支行城东分理处

金额	人民币（大写）陆仟零伍拾肆元柒角伍分	亿	千	百	十	万	千	百	十	元	角	分
							￥	6	0	5	4	7	5

票据种类	转账支票	票据张数		开户银行盖章

（盖章：中国工商银行台州市支行 城东分理处 2012.12.10 业务专用章）

200061650
验证码：37021950484039456670

增值税专用发票

开票日期：2012 年 12 月 16 日

No.01461326

购货单位	名　　　　称：台州市机电公司 纳税人识别号：4414021963101023 45 地　址、电　话：台州市江南路 31234567 开户行及账号：中国工商银行台州市支行城北分理处 　　　　　　　120707564323435353	密码区	略

货物或应税劳务名称	规格型号	单位	数量	单价	金额	税率	税额
铸铁		批	1	5 175	5 175.00	17%	879.75
合计							

价税合计（大写）	陆仟零伍拾肆元柒角伍分	（小写）¥6 054.75

销货单位	名　　　　称：台州市阳明机械制造有限公司 纳税人识别号：4414021968102388 地　址、电　话：台州市温岭青松路 81865358 开户行及账号：中国工商银行台州市支行城东分理处 　　　　　　　120707564563456	备注	税号:4414021968102388 发票专用章

收款人：　　　　　复核：林芬　　　　　开票人：许长春　　　　　销货单位：（章）

第一联：记账联

出 库 单

领用部门：销售部
领用用途：销售

2012年12月16日

品名	规格	单位	请领数量	实发数量	单价	金　额								
						百	十	万	千	百	十	元	角	分
铸铁		批	1	1										
合计				1										

仓库保管员：赵平　　　　　会计：张敏　　　　　领用人：王萍

项目 36：支付上月职工食堂伙食费

领 款 凭 证

2012 年 12 月 18 日   No.1002

今收到： 财务部

人民币： 壹佰壹拾贰元整   ¥112.00

系付： 职工食堂伙食费

现金收讫

单位盖章   会计：张敏   出纳：崔敏   经办人：王东

项目 37：报销补足备用金

浙江省国家税务局通用机打发票

发 票 联   发票代码：133101165321

开票日期：2012.12.18   行业分类：货物销售   发票号码：045621321

购货方名称：台州市阳明机械制造有限公司	销售方名称：台州爱德华蒙文具店
购货方地址电话：台州温岭	销售方地址：浙江台州
购货方识别号：4414021968102388	销售费用识别号：331081956463254
购货方银行及账号：120707564563456	销售费用银行及账号：1207075645665476

办公费用 数量 1	单价 总值 396 396.00
开票金额：（大写） 叁佰玖拾陆元整	税号：331081956463254 发票专用章

开票人：许阳阳   开票单位：

第二联：发票联

81

中国工商银行

现金支票存根

Ⅻ1013488

科目_____

对方科目_____

出票日期2012 年 12 月 18 日

收款人：台州市阳明机械制
造有限公司

金额：¥396.00

用途：备用（付业务部）

单位主管：   会计：

项目 38：有预借款时，结算报销差旅费

差旅费报销单

预领款	1 600
补领或缴还	122

部门：_____销售部   2012 年 12 月 18 日

姓　名	李文，李超群	职别		出差事由	联系业务推销产品
出差起 止日期	自 2012 年 11 月 25 日至 2012 年 11 月 30 日止共 5 天				

起　讫				起讫地点	车船（飞机）票		宿费	出差 补助	市内 交通费
日	时	日	时		名称	金额			
10.25		10.26		温岭—北京	火车	280	595	245	178
10.30				北京—温岭	火车	280			
		合　　　　计							

合　计　金　额（大写）　壹仟伍佰柒拾捌元整	¥1 578.00

单位主管：王阳林   复核：林芬   出差人：李文 李超群

注：原始凭证（车票等）略。

浙江省台州市工商企业统一收款收据

记账联

发票代码：12312342
发票号码：3231232

2012 年 12 月 18 日

缴款单位（人）	李文		
款项内容	报销差旅费余款	收款方式	现金
合计人民币（大写）	壹佰贰拾贰元整　　¥122.00		
备注：12 月 18 日收回	收款单位盖章	收款人签章	

第一联：记账联

项目 39：支付职工技能培训费

中国工商银行

现金支票存根

XI10016881

科目＿＿＿＿＿＿

对方科目＿＿＿＿＿

出票日期 2012 年 12 月 19 日

收款人：职工大学
金额：¥600.00
用途：职工培训

单位主管：　会计：

浙江省台州市工商企业统一收款收据

收据联

2012 年 12 月 19 日

发票代码：14457575
发票号码：145770

缴款单位（人）	台州市阳明机械制造有限公司		
款项内容	预付货款	收款方式	现金
合计人民币（大写）	陆佰元整	¥600.00	
备注：	收款单位盖章	台州职工大学	收款人签章

项目 40：银行承兑汇票贴现

贴 现 凭 证（代申请书）

2012 年 12 月 20 日

申请人	名称	台州市阳明机械制造有限公司	贴现汇票	种类	银行承兑汇票	号码	
	账号	120707564563456		发票日	2012 年 10 月 20 日		
	开户银行	中国工商银行台州市支行城东分理处		到期日	2013 年 4 月 20 日		
汇票承兑人	名称	台州市求成轴承有限公司		账号	1102021119002356113	开户银行	中国工商银行台州市江山支行

汇票金额（贴现金额）	人民币（大写）伍万元整（票面利率6%）			千	百	十	万	千	百	十	元	角	分
					¥	5	0	0	0	0	0	0

贴现率每年 10%	利息	千	百	十	万	千	百	十	元	角	分	实付贴现金额	百	十	万	千	百	十	元	角	分
						¥	2	1	6	6	7			¥	4	9	7	8	3	3	3

兹根据《银行结算办法》的规定，附送承兑汇票申请贴现，请审核。此致 贴现银行 申请人盖章	银行审核	负责人 信贷员	科目（付）对方科目（收）
			复核 记账

项目 41：材料入库（月末汇总账务处理）

台州市阳明机械制造有限公司材料入库验收单

验收日期：2012 年 12 月 20 日

编号		8					类别			原料及主要材料	
来源	台州市宝蓝压铸钢铁有限公司					发票编号					
品名	规格	单位	数量		实际价格				计划价		
			来料数	实际数	单价	总价	运杂费	合计	单价	总价	
铸铁		千克	3 000	3 000	2.15	6 450	209.25	6 675	2.24	6 720	
钢板		千克	3 000	3 000	1.5	4 500	209.25	4 725	1.64	4 920	
合计						10 950	418.5	11 368.5		11 640	

供销主管：王朝阳　　　　　验收保管：赵平　　　　　采购：徐大明　　　　　制单：赵平

项目 42：收回委托加工物资，支付加工费

200061650　　　　　　　　　　　增值税专用发票　　　　　　　　　No.01461326

验证码：37021950484039456670　　　　　　　　　　　　开票日期：2012 年 12 月 20 日

购货单位	名　　称：台州市阳明机械制造有限公司 纳税人识别号：4414021968102388 地址、电话：台州温岭青松路 81865358 开户行及账号：中国工商银行台州市支行城东分理处 120707564563456				密码区	略		
货物或应税劳务名称	规格型号	单位	数量	单价	金额	税率	税额	
加工备件		千克	5 000	0.584	2 920.00	17%	496.40	
合计					¥2 920.00		¥496.40	
价税合计（大写）　　叁仟肆佰壹拾陆元肆角　　　　　（小写）¥3 416.40								
销货单位	名　　称：温岭金属钢材加工厂 纳税人识别号：4414021968103654 地址、电话：温岭大丰路 86234567 开户行及账号：中国工商银行台州市支行城东分理处 101135982316545655				备注	税号:4414021968103654		

收款人：　　　　　复核：章起凡　　　　　开票人：吴准　　　　　销货单位：（章）

第二联：发票联

中国工商银行

转账支票存根

XⅡ13644

科目＿＿＿＿＿＿

对方科目＿＿＿＿＿

出票日期 2012 年 12 月 20 日

| 收款人：温岭金属钢材加工厂 |
| 金额：¥3 416.40 |
| 用途：加工费及税款 |

单位主管：   会计：

项目 43：委托加工入库，结转有关材料成本差异

台州市阳明机械制造有限公司委托加工材料入库单

材料账户：原材料   编　号：
材料类别：修理用备件   合同号：
加工单位：温岭金属钢材加工厂   仓　库：

| 材料编号 | 材料名称及规格 | 计量单位 | 数量 | | 计划成本单价 | 金额 | 材料名称及规格 | 数量 | 计划成本 | 成本差异 | 加工费 | 实际成本合计 |
			应收	实收								
	备件品	件 2	5 000	5 000	1.40	7 000			4 730	118.7	2 920	
	运费	次 1				200						

记账：王平   收料：胡运   制表：陈中

中国工商银行转账支票（进账单）

签发日期：2012 年 12 月 21 日   No.1001694

付款人	全　称	台州市阳明机械制造有限公司	收款人	全　称	大通汽车运输队		
	账　号	120707564563456		账　号	120707565006857		
	开户银行	中国工商银行台州市支行城东分理处		开户银行	中国工商银行台州市江新支行	清算行号	1207

金额	人民币（大写）　贰佰元整	千	百	十	万	千	百	十	元	角	分
							￥	2	0	0	0	0

用途或预算科目	运杂费

单位主管：　会计：　出纳：　业务：

2012 年 12 月 21 日
（付款单位开户银行盖章）

中国工商银行
转账支票存根
XII1001693

科目_____

对方科目_____

出票日期 2012 年 12 月 21 日

收款人：大通汽车运输队
金额：￥200.00
用途：运费

单位主管：　会计：

公路、内河货物运输业统一发票

发票联

发票代码：2001110158
发票号码：142247

开票日期：2012 年 12 月 21 日

发票代码	2001110158	税控码		略					
发票号码	142247								
编号	49900060405								
收货人及纳税人识别号	台州市阳明机械制造有限公司 4414021968102388	承运人及纳税人识别号	台州快客运输公司 33102157291104						
发货人及纳税人识别号	温岭金属钢材加工厂 4414021968103654	主管税务机关及代码	台州市地方税务局 233262700						
运输项目及金额	货物名称	数量	单位运价	计费里程	金额	其他项目	费用名称	金额	备注
	备件	500	0.4	50	¥200.00				温岭-泽国

项目 44：购入材料以银行存款支付料款及运费

托收承付凭证（承支付款通知）

委托时间：2012 年 12 月 16 日

			承 付 期 限										
			到期 年 月 日										
付款人	全 称	台州市阳明机械制造有限公司	收款人	全 称	台州市宏远金属材料有限公司								
	账 号	120707564563456		账 号	12020211190002654723								
	开户银行	中国工商银行台州市支行城东分理处		开户银行	中国工商银行台州市支行椒江分理处	行号	3309						
托收金额	人民币（大写） 壹万叁仟叁佰壹拾元整				千	百	十	万	千	百	十	元	角	分
						¥	1	3	3	1	0	0	0
附 件		商品发运情况		合同名称号码									
附寄单证张数或册数													
付款人开户银行盖章		款项收妥日期		收款人开户银行盖章									

主管：　　　　　　　　会计：　　　　　　　　复核：

44-2

200061650

No.01461327

验证码：37021950484039456670

增值税专用发票

浙江省

开票日期：2012 年 12 月 16 日

购货单位	名　　　称：台州市阳明机械制造有限公司 纳税人识别号：4414021968102388 地 址、电 话：台州温岭青松路 81865358 开户行及账号：中国工商银行台州市支行城东分理处 　　　　　　　120707564563456	密码区	略

货物或应税劳务名称	规格型号	单位	数量	单价	金额	税率	税额
铸铁		千克	2 500	2.00	5 000.00	17%	850.00
钢板		千克	3 500	1.45	5 075.00	17%	862.75
其他材料		千克	1 055	1.00	1 055.00	17%	179.35
合计					11 000.00		1 870.00

价税合计（大写）	壹万贰仟捌佰柒拾元整	（小写）¥12870.00

销货单位	名　　　称：台州市宏远金属材料有限公司 纳税人识别号：4414031954080212 地 址、电 话：台州椒江秋远路 86667902 开户行及账号：中国工商银行台州市支行椒江分理处 　　　　　　　1202021119002654723	备注	税号：4414031954080212 发票专用章

收款人：　　　　　复核：方石羊　　　　开票人：许未　　　　销货单位：（章）

第二联：发票联

44-3

公路、内河货物运输业统一发票

发票联

发票代码：20011109875
发票号码：1445745

开票日期：2012 年 12 月 16 日

发票代码	20011109875	税控码	略
发票号码	1445745		
编号	4990006047		

收货人及纳税人识别号	台州市阳明机械制造有限公司 4414021968102388	承运人及纳税人识别号	台州快客运输公司 33102157291104
发货人及纳税人识别号	台州市宏远金属材料有限公司 4414031954080212	主管税务机关及代码	台州市地方税务局 233262700

运输项目及金额	货物名称	数量	单位运价	计费里程	金额	其他项目名称	费用名称	金额	备注
	铸铁 钢板 其他材料	2 500 3 500 1 055		50	¥440.00				温岭椒江

税号：33102157291104
发票专用章

材料采购运费分配表

供货单位	台州市宏远金属材料有限公司			
材料名称	分配标准	分配率	分配金额	备注
铸铁	5 000		4 480.00	
钢板	5 075		5 740.00	
其他材料	1 055		1 092.20	
合计	11 000		11 312.20	

台州市阳明机械制造有限公司材料入库验收单

验收日期：2012 年 12 月 21 日

编号	9		类别	原料及主要材料
来源	台州市宏远金属材料有限公司		发票编号	

品名	规格	单位	数量		实际价格				计划价	
			来料数	实际数	单价	总价	运杂费	合计	单价	总价
铸铁		千克	2 000	2 000	2.05	5 000	152.52	5 152.52	2.24	4 480
钢板		千克	3 500	3 500	1.67	5 075	217.43	5 292.43	1.64	5 740
其他材料						1 055	39.2	1 094.2		1 092.2
合计						11 000	409.2	11 409.2		11 312.2

供销主管：王朝阳　　　　验收保管：赵平　　　　采购：徐大明　　　　制单：赵平

项目 45：有预借款时，结算报销差旅费

差旅费报销单

	预领款	700.00
部门：技术部_____　　　　2012 年 12 月 21 日	补领或缴还	

姓　名	王平远，江群	职别		出差事由		技术学习	
出差起止日期	自 2012 年 12 月 7 日至 2012 年 12 月 17 日止共 10 天					附单据　张	

起讫				起讫地点	车船（飞机）票		宿费	出差补助	市内交通费	杂费		附注
日	时	日	时		名称	金额				用途	金额	
12.7				温岭—绍兴	火车	180	100	240	50			
12.17				绍兴—温岭	火车	180						
合　　　计												
合　计		金　额（大写）柒佰伍拾元整								¥750.00		

单位主管：王阳林　　　　　　复核：林芬　　　　　　出差人：王平远　江群

领　款　凭　证

2012 年 12 月 22 日　　　　　　　　　　　　　No.1003

今收到：财务部
人民币：伍拾元整　　¥50.00
系付：　　补差旅费扣原借款后的差款

现金收讫

单位盖章：生产科　　　　会计：张敏　　　　出纳：崔敏　　　　经办人：王东

项目 46：支付餐费

中国工商银行

现金支票存根

XⅡ168575

科目_____

对方科目_____

出票日期 2012 年 12 月 22 日

收款人：台州市阳明机械制造有限公司

金额：¥794.00

用途：补备用金

单位主管：   会计：

浙江省国家税务局通用机打发票

发票联

开票日期：2012.12.23   行业分类：货物销售

发票代码：133101130340

发票号码：05632665

购货方名称：台州市阳明机械制造有限公司
购货方地址电话：台州温岭
购货方识别号：33108195698754
购货方银行及账号：120707564563456

销售方名称：台州大饭店服务公司
销售方地址：浙江台州
销售费用识别号：423650213554663
销售费用银行及账号：1207075646587456

用餐及车费	数量	单价	总值
	1	794	794.00

税号：423650213554663

开票金额：（大写）柒佰玖拾肆元整

开票人：许巍

开票单位：

第二联：发票联

92

项目 47：收仓库租金

中国工商银行进账单

签发日期：2012 年 12 月 22 日   支票号码：200026969

付款人	全　　称	台州市中大进出口贸易公司		收款人	全　　称	台州市阳明机械制造有限公司		
	账　　号	120707511022468			账　　号	120707564563456		
	开户银行	中国工商银行台州市支行城东分理处	清算行号	3101		开户银行	中国工商银行台州市支行城东分理处	清算行号 3101

金额	人民币（大写）叁仟元整	千	百	十	万	千	百	十	元	角	分
						3	0	0	0	0	0

用途或预算科目	仓库租金

单位主管： 会计： 出纳： 业务：	2012 年 12 月 22 日 （付款单位开户银行盖章）

浙江省台州市工商企业统一收款收据

记账联

2012 年 12 月 22 日

发票代码：123654523
发票号码：102123

缴款单位（人）		台州市中大进出口贸易公司		
款项内容	仓库租金	收款方式	转账	
合计人民币（大写）		叁仟元整　　　¥3 000.00		
备注	收款单位盖章		收款人签章	

第二联：记账联

1200061650

增值税专用发票

No.01461319

验证码：37021950484039456670

开票日期：2012 年 12 月 22 日

购货单位	名　　　称：台州市中大进出口贸易公司 纳税人识别号：4525272212111 地址、电话：台州黄岩朝阳路 87544210 开户行及账号：中国工商银行台州市支行城东分理处 120707511022468	密码区	略

货物或应税劳务名称	规格型号	单位件	数量	单价	金额	税率	税额
仓库租金		件	1	3 000.00	3 000.00	17%	510.00
合　计					3 000.00		510.00

价税合计（大写）	叁仟伍佰壹拾元整	（小写）¥3 510.00

销货单位	名　　　称：台州市阳明机械制造有限公司 纳税人识别号：4414021968102388 地址、电话：台州温岭青松路 81865358 开户行及账号：中国工商银行台州市支行城东分理处 120707564563456	备注	税号：4414021968102388 发票专用章

第一联：记账联

收款人：　　　　　复核：林芬　　　　　开票人：许长春　　　　　销货单位：（章）

项目 48：支付专利注册登记费和律师公证费

中国工商银行
转账支票存根
ⅩⅡ785854

科目_____

对方科目_____

出票日期 2012 年 12 月 23 日

收款人：台州专利局
金额：¥3 000
用途：专利注册登记费和律师公证费

单位主管：　　会计：

中国工商银行转账支票（进账单）

签发日期：2012 年 12 月 23 日   发票号码：200026969

<table>
<tr><td rowspan="3">付款人</td><td>全　　称</td><td colspan="4">台州市阳明机械制造
有限公司</td><td rowspan="3">收款人</td><td>全　　称</td><td colspan="4">台州专利局</td></tr>
<tr><td>账　　号</td><td colspan="4">120707564563456</td><td>账　　号</td><td colspan="4">11020133210021367</td></tr>
<tr><td>开户银行</td><td colspan="2">中国工商银行
台州市支行城
东分理处</td><td>清算
行号</td><td>3101</td><td>开户银行</td><td colspan="2">中国工商银
行台州市城
区支行</td><td>清算
行号</td><td>2510</td></tr>
<tr><td rowspan="2">金额</td><td colspan="5" rowspan="2">人民币（大写）叁仟元整</td><td>千</td><td>百</td><td>十</td><td>万</td><td>千</td><td>百</td><td>十</td><td>元</td><td>角</td><td>分</td></tr>
<tr><td></td><td></td><td></td><td>3</td><td>0</td><td>0</td><td>0</td><td>0</td><td>0</td></tr>
<tr><td colspan="2">用途或预算科目</td><td colspan="13">专利注册费和公证费</td></tr>
<tr><td colspan="6">单位主管：　会计：　出纳：　业务：</td><td colspan="9">2012 年 12 月 23 日
（付款单位开户银行盖章）</td></tr>
</table>

浙江省国家税务局通用机打发票

发 票 联

开票日期：2012.12.23   行业分类：知识产权

发票代码：165748221

发票号码：05632698

<table>
<tr><td colspan="4">购货方名称：台州市阳明机械制造有限公司
购货方地址电话：台州温岭
购货方识别号：33108195698754
购货方银行及账号：120707564563456</td><td colspan="2">销售方名称：台州专利局
销售方地址：浙江台州
销售费用识别号：33108195625320
销售费用银行及账号：11020133210021367</td></tr>
<tr><td>专利注册登记及律师公证费</td><td>数量
1</td><td colspan="2">单价
3 000</td><td colspan="2">总值
3 000.00</td></tr>
<tr><td colspan="2">开票金额：（大写）　叁仟元整</td><td colspan="4"></td></tr>
<tr><td colspan="3">开票人：张银英</td><td colspan="3">开票单位：</td></tr>
</table>

第二联：发票联

项目 49：支付及分配电费

49-1   136

委托收款凭证（付款通知）

委托日期：2012 年 12 月 23 日   委托号码：49473

<table>
<tr><td rowspan="3">付款人</td><td>全　　称</td><td colspan="3">台州市阳明机械制造有限公司</td><td rowspan="3">收款人</td><td>全　　称</td><td colspan="11">温岭市供电局</td></tr>
<tr><td>账　　号</td><td colspan="3">120707564563456</td><td>账　　号</td><td colspan="11">1207075615827934566</td></tr>
<tr><td>开户银行</td><td colspan="3">中国工商银行台州市支行城东分理处</td><td>开户银行</td><td colspan="11">中国工商银行台州市城区支行</td></tr>
<tr><td rowspan="2">托收金额</td><td colspan="4" rowspan="2">人民币（大写）贰万肆仟叁佰叁拾贰元整</td><td>千</td><td>百</td><td>十</td><td>万</td><td>千</td><td>百</td><td>十</td><td>元</td><td>角</td><td>分</td></tr>
<tr><td></td><td></td><td>¥</td><td>2</td><td>4</td><td>3</td><td>3</td><td>2</td><td>0</td><td>0</td></tr>
<tr><td>款项性质</td><td>业务收入</td><td colspan="2">合同号码</td><td colspan="6"></td><td colspan="2">附寄单证张数</td><td colspan="2">1</td></tr>
</table>

49-2   137

浙江省国家税务局通用机打发票

开票日期：2012.12.23   行业分类：水电业

发票代码：133101130339
发票号码：05635352

<table>
<tr><td>户号</td><td>1526342</td><td>电费年份</td><td>2012.11</td><td>抄表段</td><td>1709-15</td></tr>
<tr><td>户名</td><td colspan="2">台州市阳明机械制造有限公司</td><td></td><td></td><td></td></tr>
<tr><td>计费项目</td><td>计费数量</td><td>单价</td><td colspan="3">金额</td></tr>
<tr><td>一般工商业</td><td>60 830</td><td>0.40</td><td colspan="3">24 332.00</td></tr>
<tr><td>合计金额（大写）</td><td colspan="2">贰万肆仟叁佰叁拾贰元整</td><td colspan="3">¥ 24 332.00</td></tr>
</table>

收费员：陈三   开票员：王起   开票单位：台州市供电局

96

外购动力费分配

2012 年 12 月

产品、部门、项目	定额耗用量（度）	分配率	应分配金额（元）
6202 轴承 6203 轴承 修配车间 基本生产车间 管理部门	25 594 32 355 499.5 1 350.00 1 031.50		
合计			24 332

项目 50：购入低值易耗品，款项已付

中国工商银行

转账支票存根

XI668575

科目_____

对方科目_____

出票日期 2012 年 12 月 24 日

收款人：温岭市五金公司
金额：¥442.26
用途：购买低值易耗品

单位主管：   会计：

中国工商银行进账单

签发日期：2012 年 12 月 24 日   支票号码：10001693

<table>
<tr><td rowspan="3">付款人</td><td>全　　称</td><td colspan="3">台州市阳明机械制造有限公司</td><td rowspan="3">收款人</td><td>全　　称</td><td colspan="3">温岭市五金公司</td></tr>
<tr><td>账　　号</td><td colspan="3">120707564563456</td><td>账　　号</td><td colspan="3">1201223215402135736</td></tr>
<tr><td>开户银行</td><td>中国工商银行台州市支行城东分理处</td><td>清算行号</td><td>3101</td><td>开户银行</td><td>中国工商银行台州市城区支行</td><td>清算行号</td><td>101</td></tr>
</table>

金额	人民币（大写）肆佰肆拾贰元整	千	百	十	万	千	百	十	元	角	分
						￥	4	4	2	0	0

用途或预算科目	购低值易耗品

单位主管：　　会计：　　出纳：　　业务：

2012 年 12 月 24 日
（付款单位开户银行盖章）

200061650
验证码：37021950484039456670

增值税专用发票

No.0757157
开票日期：2012 年 12 月 24 日

<table>
<tr><td rowspan="4">购货单位</td><td>名　　　称：台州市阳明机械制造有限公司</td><td rowspan="4">密码区</td><td rowspan="4">略</td></tr>
<tr><td>纳税人识别号：4414021968102388</td></tr>
<tr><td>地址、电话：台州温岭青松路 81865358</td></tr>
<tr><td>开户行及账号：中国工商银行台州市支行城东分理处 120707564563456</td></tr>
</table>

货物或应税劳务名称	规格型号	单位	数量	单价	金额	税率	税额
电钻		千克	1	160	160.00	17%	27.20
风机		千克	1	218	218.00	17%	37.06
合计					￥378.00		￥64.26

价税合计（大写）	肆佰肆拾贰元贰角陆分	（小写）￥442.26

<table>
<tr><td rowspan="4">销货单位</td><td>名　　　称：台州市五金公司</td><td rowspan="4">备注</td><td rowspan="4"></td></tr>
<tr><td>纳税人识别号：4414021973030334</td></tr>
<tr><td>地址、电话：台州温岭青松路 88695231</td></tr>
<tr><td>开户行及账号：中国工商银行台州市支行城东分理处 1201223215402135736</td></tr>
</table>

税号:4414021973030334

收款人：　　复核：方石羊　　开票人：许未　　销货单位：（章）

台州市阳明机械制造有限公司材料入库验收单

验收日期：2012 年 12 月 24 日

编号		10				类别			低值易耗品	
来源		台州市五金公司				发票编号				
品名	规格	单位	数量		实际价格				计划价	
			来料数	实际数	单价	总价	运杂费	合计	单价	总价
电钻		个	1	1	160	160		160	160	160
风机		台	1	1	218	218		218	214	214
合计						378		378		374

供销主管：王朝阳　　　　验收保管：赵平　　　　采购：徐大明　　　　制单：赵平

项目 51：支付扩建车间设计费

中国工商银行
转账支票存根
XⅡ52741141

科目＿＿＿＿＿＿

对方科目＿＿＿＿＿

出票日期 2012 年 12 月 25 日

收款人：台州市工业设计院
金额：¥825
用途：设计费（扩建车间工程）

单位主管：　　会计：

中国工商银行**进账单**

签发日期：2012 年 12 月 25 日   支票号码：1001694

付款人	全　称	台州市阳明机械制造有限公司		收款人	全　称	台州市工业设计院									
	账　号	120707564563456			账　号	1207056945021386									
	开户银行	中国工商银行台州市支行城东分理处	清算行号 3101		开户银行	中国工商银行台州市城区支行	清算行号 2706								

金额	人民币（大写）捌佰贰拾伍元整	千	百	十	万	千	百	十	元	角	分
						¥	8	2	5	0	0

用途或预算科目	扩建生产车间的设计费
单位主管：　会计：　出纳：　业务：	2012 年 12 月 25 日 （付款单位开户银行盖章） 2012.12.25

浙江省台州市工商企业统一收款收据
发票联
2012 年 12 月 25 日

发票代码：141414177
发票号码：104245

款项内容	设计费	收款方式	转账
合计人民币（大写）	捌佰贰拾伍元整　　¥825.00		
备注	收款单位盖章 财务专用章	台州市工业设计院	收款人签章

第一联：付款联

浙江省国家税务局通用机打发票

发票联

开票日期：2012.12.23   行业分类：设计费

发票代码：165748641
发票号码：0564754

购货方名称：台州市阳明机械制造有限公司
购货方地址电话：台州温岭
购货方识别号：33108195698754
购货方银行及账号：120707564563456

销售方名称：台州市工业设计院
销售方地址：浙江台州
销售费用识别号：33108874111412
销售费用银行及账号：1207056945021386

扩建生产车间的设计费	数量 1	单价 825.00	总值 825.00

开票金额：（大写）　捌佰贰拾伍元整

税号：33108874111412

开票人：张银英   开票单位：

项目 52：出售 2009 年 3 月 5 日购入的设备

中国工商银行进账单

签发日期：2012 年 12 月 25 日   支票号码：1001694

付款人	全称	台州市江东工厂		收款人	全称	台州市阳明机械制造有限公司	
	账号	12070756456021457			账号	120707564563456	
	开户银行	中国工商银行台州市支行城东分理处	清算行号 2804		开户银行	中国工商银行台州市支行城东分理处	清算行号 101

金额　人民币（大写）肆万肆仟肆佰陆拾元整　　千 百 十 万 千 百 十 元 角 分　¥ 4 4 4 6 0 0 0 0

用途或预算科目：出售闲置的固定资产：齿轮 A 型

单位主管：　会计：　出纳：　业务：

2010 年 12 月 25 日
（付款单位开户银行盖章）

200061650

验证码：37021950484039456670

增值税专用发票

No.0757160

开票日期：2012 年 12 月 25 日

购货单位	名　　　称：台州市江东工厂						密码区		略	
	纳税人识别号：4414021968102345678									
	地址、电话：台州温岭青松路 86995632									
	开户行及账号：中国工商银行台州市支行城东分理处 120707564 56021457									

货物或应税劳务名称	规格型号	单位	数量	单价	金额	税率	税额
齿轮 A 型		台	1		38 000	17%	6 460
合计					38 000		6 460

价税合计（大写）	肆万肆仟肆佰陆拾元整 （小写）¥ 44 460.00

销货单位	名　　　称：台州市阳明机械制造有限公司	备注	税号：4414021968102388
	纳税人识别号：4414021968102388		
	地址、电话：台州温岭青松路 81865358		
	开户行及账号：中国工商银行台州市支行城东分理处 120707564563456		

收款人：　　　　　复核：林芬　　　　　开票人：许长春　　　　　销货单位：（章）

出 库 单

领用部门：销售部

领用用途：销售

2012年12月25日

品名	规格	单位	请领数量	实发数量	单价	金　额								
						百	十	万	千	百	十	元	角	分
齿轮 A 型		台	1	1										
合计				1										

仓库保管员：赵平　　　　　会计：张敏　　　　　领用人：王萍

内部转账单

2012 年 12 月 26 日   第 4455 号

摘　　要	金　　额	备注
结转出售固定资产损益	38 000-35 000=3 000（元）	

项目 53：销售退回，并承担运费，货款已结清

公路、内河货物运输业统一发票

发票联

发票代码：233001110144
发票号码：01422125

发票代码	2001110144	税控码		略
发票号码	142212			
编号	49900060405			
收货人及纳税人识别号	台州市阳明机械制造有限公司 4414021968102388	承运人及纳税人识别号		天成汽车运输队 33102157291104
发货人及纳税人识别号	台州市南口机械有限公司 441404196304065555	主管税务机关及代码		清县地方税务局方门税务分局 233262700

运输项目及金额	货物名称	数量	单位运价	计费里程	金额	其他费用项目	费用名称	金额	备注
	轴承	4 件	12.90	120公里	¥132.00				

税号:33102157291104
发票专用章

200068945
验证码：37021950484039456670

增值税专用发票

No.0757610

开票日期：2012 年 12 月 26 日

购货单位	名　　　称：台州市南口机械有限公司 纳税人识别号：441404196304065555 地址、电话：台州温岭大溪路 83356688 开户行及账号：中国工商银行台州市山城支行 12070756456062354	密码区	略

货物或应税劳务名称	规格型号	单位	数量	单价	金额	税率	税额
6202 轴承		件	−100	40.50	−4 050	17%	−688.5
6203 轴承		件	−100	68.00	−6 800	17%	−1 156
合计					−10 850		−1 844.5

价税合计（大写）	负壹万贰仟陆佰玖拾肆元伍角整　　　（小写）￥−12 694.5

销货单位	名　　　称：台州市阳明机械制造有限公司 纳税人识别号：4414021968102388 地址、电话：台州温岭青松路　81865358 开户行及账号：中国工商银行台州市支行城东分理处 120707564563456	备注	税号:4414021968102388 发票专用章

收款人：　　　　　　复核：林芬　　　　　开票人：许长春　　　　　销货单位：（章）

第一联：记账联

出　库　单

领用部门：销售部
领用用途：销售

2012年12月26日

品名	规格	单位	请领数量	实发数量	单价	金额							
						百	十	万	千	百	十	元	角	分
6202 轴承		件	−100	−100									
6203 轴承		件	−100	−100									
合计				−200									

托付承付结算全部部分拒绝承付理由书（代通知或收账通知）

2012 年 12 月 26 日   原托收号码：0006

<table>
<tr>
<td rowspan="3">付款人</td>
<td>全　称</td>
<td>台州市阳明机械制造有限公司</td>
<td rowspan="3">收款人</td>
<td>全　称</td>
<td colspan="4">台州市南口机械有限公司</td>
</tr>
<tr>
<td>账　号</td>
<td>120707564563456</td>
<td>账　号</td>
<td colspan="4">12070756456062354</td>
</tr>
<tr>
<td>开户银行</td>
<td>中国工商银行台州市支行城东分理处</td>
<td>开户银行</td>
<td colspan="2">中国工商银行台州市山城支行</td>
<td>行号</td>
<td>4118</td>
</tr>
<tr>
<td>原托金额</td>
<td>212 918.10</td>
<td>托付金额</td>
<td>12 826.50</td>
<td colspan="2">部分承付金额</td>
<td colspan="3">千 百 十 万 千 百 十 元 角 分
￥ 2 0 0 0 9 1 6 0</td>
</tr>
<tr>
<td>附寄单证</td>
<td>1 张</td>
<td>部分承付金额（大写）</td>
<td colspan="5">贰拾万零玖拾壹元陆角整</td>
</tr>
<tr>
<td colspan="8">　　拒付理由：由于质量不符合要求，现退回 6202 轴承，6202 轴承 100 件，差额 10 850 元，增值税款 1 844.50 元，交运输部门退回，往返运费 132 元，总计 12 826.50 元应拒付。

（付款单位盖章）</td>
</tr>
<tr>
<td colspan="4">银行意见：

同意拒付理由
（银行盖章）2012 年 12 月 26 日</td>
<td colspan="4"></td>
</tr>
</table>

项目 54：支付工程对外承包款

中国工商银行
转账支票存根
XI625775

科目＿＿＿＿＿＿

对方科目＿＿＿＿＿＿

出票日期 2012 年 12 月 26 日

| 收款人：长田建筑队 |
| 金额：￥150 000 |
| 用途：车间扩建工程包工款 |

单位主管：　　会计：

中国工商银行进账单

签发日期：2012 年 12 月 26 日　　　　　　　支票号码：10041411

付款人	全　称	台州市阳明机械制造有限公司		收款人	全　称	长田建筑队		
	账　号	120707564563456			账　号	213412		
	开户银行	中国工商银行台州市支行城东分理处	清算行号　3101		开户银行	中国工商银行台州市支行城东分理处	清算行号　2804	

金额	人民币（大写）壹拾伍万元整	千	百	十	万	千	百	十	元	角	分
				¥	1	5	0	0	0	0	0

用途或预算科目	车间扩建工程包工款

单位主管：　会计：　出纳：　业务：

2012 年 12 月 26 日
（付款单位开户银行盖章）

中国工商银行台州市支行城东分理处业务专用章
12.12.26

浙江省台州市工商企业统一收款收据

2012 年 12 月 26 号　　　　　　　发票代码：12365441
发票号码：1023652

缴款单位（人）		台州阳明机械制造有限公司		
款项内容	车间扩建工程包工款	收款方式		转账
合计人民币（大写）	壹拾伍万元整		（小写）¥150 000	
备注	收款单位盖章　财务专用章	长田建筑队	收款人签章	

项目 55：支付职工药费

职工医药费支出汇总表

2012 年 12 月 26 日

职工姓名	全部药费金额	单据张数	核销基数	减去核销基数后应报		审 批 意 见
崔敏				100%	金额：90.00	现金付讫
家属姓名	职工称谓	单据张数	全部药费金额	核报金额		同意报销
				%	金额	
实报金额合计	玖拾元整				领款人盖章	方明等

项目 56：收到技术转让费

浙江省台州市工商企业统一收款收据
记账联

发票代码：14424222
发票号码：101410

2012 年 12 月 27 日

缴款单位（人）		新华机械厂		
款项内容	技术转让费	收款方式		现金
合计人民币（大写）	伍仟元整	¥5 000.00　现金收讫		
备注		收款单位盖章　台州市阳明机械制造有限公司	收款人签章	

第三联：记账联

1200061650

增值税专用发票

验证码：3702195048403945784   No.01461319

开票日期：2012 年 12 月 27 日

购货单位	名　　　称：新华机械厂 纳税人识别号：40219681123455565 地 址、电 话：台州温岭朝阳路 87523232 开户行及账号：中国工商银行台州市支行城东分理处 1207045712121452	密码区	略

货物或应税劳务名称	规格型号	单位	数量	单价	金额	税率	税额
技术转让费		件	1	5 000.00	5 000.00	17%	850.00
合计					5 000.00		850.00

价税合计（大写）	伍仟捌佰伍拾元整	（小写）¥5 850.00

销货单位	名　　　称：台州市阳明机械制造有限公司 纳税人识别号：4414021968102388 地 址、电 话：台州温岭青松路 81865358 开户行及账号：中国工商银行台州市支行城东分理处 120707564563456	备注	税号:4414021968102388 发票专用章

收款人：   复核：林芬   开票人：许长春   销货单位：（章）

第一联：记账联

项目 57：出售 1 台磨床，并结转损益

设备转让协议

　　经双方协商，将原价 28 200 元的磨床 1 台作价 32 000 元，已提折旧 3 570 元，转让给志峰工厂。

转让单位：台州市阳明机械制造有限公司

二○一二年十二月二十七日

　　注：此设备为 2008 年 11 月购入，转让 2009 年 1 月前购进、未抵扣进项税的已使用固定资产按照 4%征收率减半征收增值税。

领 款 凭 证

2012 年 12 月 27 日   No.1005

今收到： 财务部

人民币： 壹佰贰拾元整　¥120   现金付讫

系付： 清理费用

| 单位盖章： | 会计：张敏 | 出纳：崔敏 | 经办人：王东 |

1200061650　　　　　　　　增值税专用发票　　　　　　No.01461319
验证码：37021950484039456670　　　　　　　　开票日期：2012 年 12 月 27 日

| 购货单位 | 名　　　称：台州市求是回收公司
纳税人识别号：44140219561062544
地址、电话：台州黄岩朝阳路 89852323
开户行及账号：中国工商银行台州市支行城西分理处
110202116321145232 | 密码区 | 略 |

货物或应税劳务名称	规格型号	单位	数量	单价	金额	税率	税额
残料		件	1	100.00	100.00	17%	17.00
合计					100.00		17.00

| 价税合计（大写） | 壹佰壹拾柒元整 | （小写）¥117.00 |

| 销货单位 | 名　　　称：台州市阳明机械制造有限公司
纳税人识别号：4414021968102388
地址、电话：台州温岭青松路 81865358
开户行及账号：中国工商银行台州市支行城东分理处
120707564563456 | 备注 | 现金收讫
税号:4414021968102388
发票专用章 |

| 收款人： | 复核：林芬 | 开票人：许长春 | 销货单位：（章） |

第一联：记账联

出 库 单

领用部门：销售部
领用用途：销售

2012年12月27日

品名	规格	单位	请领数量	实发数量	单价	金　额								
						百	十	万	千	百	十	元	角	分
残料		件	1	1										
合计				1										

仓库保管员：赵平　　　　　　　会计：张敏　　　　　　　领用人：王萍

浙江省台州市工商企业统一收款收据

记 账 联

发票号码：133101262776
发票代码：0010174

2012 年 12 月 27 日

缴款单位（人）	台州市求是回收公司		
款项内容	残料费	收款方式	现金
合计人民币（大写）	壹佰壹拾柒元整		¥117.00
备注		收款单位盖章	收款人签章

第三联：记账联

中国工商银行进账单

签发日期：2012 年 12 月 27 日　　　　　　　　支票号码：1001694

<table>
<tr><td rowspan="3">付款人</td><td>全　　称</td><td colspan="3">台州市志峰工厂</td><td rowspan="3">收款人</td><td>全　　称</td><td colspan="3">台州市阳明机械制造有限公司</td><td rowspan="6">第二联：收款联</td></tr>
<tr><td>账　　号</td><td colspan="3">120707564563456058</td><td>账　　号</td><td colspan="3">120707564563456</td></tr>
<tr><td>开户银行</td><td>中国工商银行台州市支行城东分理处</td><td>清算行号</td><td>2807</td><td>开户银行</td><td>中国工商银行台州市支行城东分理处</td><td>清算行号</td><td>3101</td></tr>
<tr><td rowspan="2">金额</td><td rowspan="2" colspan="4">人民币（大写）叁万贰仟元整</td><td colspan="8">千　百　十　万　千　百　十　元　角　分</td></tr>
<tr><td colspan="8">¥　3　2　0　0　0　0　0　0</td></tr>
<tr><td>用途或预算科目</td><td colspan="3">设备转让费</td><td colspan="4"></td></tr>
<tr><td colspan="5">单位主管：　会计：　出纳：　业务：</td><td colspan="4">2012 年 12 月 27 日
（付款单位开户银行盖章）</td></tr>
</table>

项目 58：支付水费并分配

委托收款凭证（付款通知）

委托日期：2012 年 12 月 27 日

<table>
<tr><td rowspan="3">付款人</td><td>全　　称</td><td colspan="2">台州市阳明机械制造有限公司</td><td rowspan="3">收款人</td><td>全　　称</td><td colspan="9">台州市自来水公司</td></tr>
<tr><td>账　　号</td><td colspan="2">120707564563456</td><td>账　　号</td><td colspan="9">1581485</td></tr>
<tr><td>开户银行</td><td colspan="2">中国工商银行台州市支行城东分理处</td><td>开户银行</td><td colspan="9">中国工商银行台州市城区支行</td></tr>
<tr><td>托收金额</td><td colspan="3">人民币（大写）叁仟壹佰叁拾元整</td><td colspan="10">千　百　十　万　千　百　十　元　角　分
¥　　　　3　1　3　0　0　0</td></tr>
<tr><td>款项性质</td><td colspan="2">业务收入</td><td>合同号码</td><td colspan="3">附寄单证张数</td><td colspan="6">1</td></tr>
<tr><td>备注</td><td colspan="12">根据协议上列款项已由付款单位账户付出。
付款人开户银行盖章　　12 月 27 日</td></tr>
</table>

市自来水公司水费结算单

2012 年 12 月 27 日

单位	台州市阳明机械制造有限公司	计费月份	12 月份	
水表起讫数码	使用数量（立方米）	单价	金额	备注
36952540~36947340	5 200	0.55	2 860	
	金额人民币（大写）贰仟捌佰陆拾元整			

主管：林芬   复核：张敏   经办：徐伟阳

温岭市财政局排水设施有偿使用收据

2012 年 12 月 27 日

单位	台州市阳明机械制造有限公司	计费月份	12 月份		
水表起讫数码	使用数量（立方米）	排水量80t	单价	金额	备注
36952540~3694734	5 200	2 700		270	列入管理费用
	金额人民币（大写）贰佰柒拾元整				

主管：林芬   复核：张敏   经办：徐伟阳

水费分配表

2012 年 12 月

部门、项目	定额消耗量（立方米）	分配率	应分配金额	备注
修配车间	1 200			
基本生产车间	2 050			
管理部门	1 950			
合计	5 200		3 130	

项目 59：支付其他各项费用

中国工商银行

现金支票存根

XⅢ032165

科目_____

对方科目_____

出票日期 2012 年 12 月 27 日

收款人：台州市阳明机械制
造有限公司总务科

金额：¥456

用途：备用金

单位主管：　会计：

管理费支出汇总表

单位：总务科　　　　　　　　2012 年 12 月 28 日

项目	凭证张数	支出金额	核销金额	备注
餐费	12	2 410	2 410	费用发票略
办公费	26	2 940	2 940	费用发票略
差旅费	63	8 470	8 470	费用发票略
合计	101	13 820	13 820	费用发票略
核销金额（大写）	壹万叁仟捌佰贰拾元整			

会计：张敏　　　　　　　　审核：林芬　　　　　　　　制表：王阳明

项目60：办理汇票，以汇票购货，并将多余款退回账户

银行汇票申请书

2012 年 11 月 29 日

<table>
<tr><td rowspan="3">付款人</td><td>全称</td><td colspan="2">台州市阳明机械制造有限公司</td><td rowspan="3">收款人</td><td>全称</td><td colspan="4">台州市宏远金属材料有限公司</td></tr>
<tr><td>账号</td><td colspan="2">120707564563456</td><td>账号</td><td colspan="4">1202021119002654723</td></tr>
<tr><td>开户银行</td><td colspan="2">中国工商银行台州市支行城东分理处</td><td>代理付款行</td><td colspan="2">中国工商银行台州市支行椒江分理处</td><td>行号</td><td>2302</td></tr>
</table>

票面金额	人民币（大写）贰万元整	千	百	十	万	千	百	十	元	角	分
				￥	2	0	0	0	0	0	0

上列款项从我行支付(签章)

科目（借）
日期：
复核：   制单：

付款单位开户银行盖章

200068945
验证码：37021950484039456670

增值税专用发票

No.0757610
开票日期：2012 年 12 月 28 日

<table>
<tr><td rowspan="3">购货单位</td><td colspan="2">名　　　称：台州市阳明机械制造有限公司</td><td rowspan="3">密码区</td><td rowspan="3">略</td></tr>
<tr><td colspan="2">纳税人识别号：4414021968102388
地址、电话：台州温岭青松路 81865358</td></tr>
<tr><td colspan="2">开户行及账号：中国工商银行台州市支行城东分理处
120707564563456</td></tr>
</table>

货物或应税劳务名称	规格型号	单位	数量	单价	金额	税率	税额
铸铁		千克	4 000	2.20	8 800.00	17%	1 496.00
钢板		千克	4 000	1.60	6 400.00	17%	1 088.00
合计					15 200.00		2 584.00

价税合计（大写）	壹万柒仟柒佰捌拾肆元整	（小写）￥17 784.00

<table>
<tr><td rowspan="3">销货单位</td><td colspan="2">名　　　称：台州市宏远金属材料有限公司</td><td rowspan="3">备注</td><td rowspan="3"></td></tr>
<tr><td colspan="2">纳税人识别号：4414031954080212
地址、电话：台州椒江秋远路 86667902</td></tr>
<tr><td colspan="2">开户行及账号：中国工商银行台州市支行椒江分理处
1202021119002654723</td></tr>
</table>

收款人：　　　复核：方石羊　　　开票人：许未　　　销货单位：(章)

第二联：发票联

114

铁路局货票

2012 年 12 月 26 日   No.

收货人		台州市阳明机械制造有限公司		远价里程		1 000 公里	
货物名称	件数	货物重量（千克）		计费重量	现付		
		铁路确认	发货人确认			费别	金额
元钢		4 000	4 000			运费	350
铸铁		4 000	4 000			装车费	55
						过秤费	45
总计金额（大写）肆佰伍拾元整							450

中山公司材料入库验收单

验收日期：2012 年 12 月 28 日

编号		10				类别		原料及主要材料	
来源		台州市宏远金属材料有限公司				发票编号			
品名	规格	单位	数量		实际价格			计划价	
			来料数	实际数	单价	总价	运杂费	合计	单价	总价
铸铁		千克	4 000	4 000	2.20	8 800	212.75	9 025	2.24	8 960
钢板		千克	4 000	4 000	1.60	6 400	212.75	6 625	1.64	6 500
合计			8 000	8 000		15 200	425.5	15 650		15 460

供销主管：   验收保管：   采购：   制单：

材料采购费用分配表

2012 年 12 月 28 日

供货单位		台州市宏远金属材料有限公司		
材料名称	分配标准	分配率	分配标准	备 注
铸铁	4 000		212.75	
钢板	4 000		212.75	
合计	8 000		425.5	

会计主管：林芬   复核：张敏   制单：王萍

付款期 一个月		华东三省一市 银 行 汇 票	**2**	IX IV 00047541 第 号

签发日期 2012 年 12 月 29 日　　　兑付地点：台州　兑付行：中国工商银行台州市支行椒江分理处

收款人：台州市宏远金属材料有限公司　　账号或地址：1202021119002654723

汇款金额　　　人民币　　￥20 000.00
（大写）　贰万元整

实际结算金额　　　　　　人民币 （大写）壹万捌仟贰佰叁拾肆元整	千	百	十	万	千	百	十	元	角	分
			￥	1	8	2	3	4	0	0

汇款人：台州市阳明机械制造有限公司
账号或住址：120707564563456

签发行：中国工商银行
台州市支行城东分理处

行号：3101

汇款用途：

签发行盖章

											科目（借）
											对方科目（贷）
	多 余 金 额										兑付日期　　　年　月　日
千	百	十	万	千	百	十	元	角	分		复核：　　　　记账：
			￥	1	7	6	6	0	0		

项目 61：销售产品，代垫运费，款项已办理托收手续

托收承付凭证（回单）

委托时间 2012 年 12 月 29 日

承 付 期 限
到期 2012 年 12 月 29 日

付款人	全　　称	台州市飞康公司	收款人	全　　称	台州市阳明机械制造有限公司		
	账　　号	1206124565235297102		账　　号	120707564563456		
	开户银行	中国工商银行台州市西河支行		开户银行	中国工商银行台州市支行城东分理处	行号	3101

托收金额	人民币（大写）贰万肆仟肆佰壹拾贰元伍角整	千	百	十	万	千	百	十	元	角	分
				¥	2	4	4	1	2	5	0

附　　件	商品发运情况	合同名称号码
附寄单证张数或册数		

备注	付款人注意： 1.根据结算办法规定，上列托收款项，如超过承付期限并未拒付时，即是同意全部承付。如系金额支付即以此联代支款通知；如遇延付或部分支付时，再由银行另送延付或部分支付的支付款通知。 2.如需提前承付或多承付时，应另写书面通知送银行办理。 3.如系全部或部分拒付，应在承付期限内另填拒绝承付理由送银行办理。

2000647894   No.0757610
验证码：37021950484039456670   开票日期：2012 年 12 月 29 日

增值税专用发票

购货单位	名　　　称：台州市飞康公司 纳税人识别号：441400195406233333 地　址、电话：台州椒江长明路 86685474 开户行及账号：中国工商银行台州市西河支行 　　　　　　　12070708021245874	密码区	略

货物或应税劳务名称	规格型号	单位	数量	单价	金额	税率	税额
6202 轴承		件	500	40.50	20 250.00	17%	3 442.5
合计					￥20 250.00		￥3 442.5

价税合计（大写）	叁万叁仟陆佰玖拾贰元伍角　　　（小写）￥23 692.50

销货单位	名　　　称：台州市阳明机械制造有限公司 纳税人识别号：4414021968102388 地　址、电话：台州温岭青松路 81865358 开户行及账号：中国工商银行台州市支行城东分理处 　　　　　　　120707564563456	备注	税号:4414021968102388 发票专用章

收款人：　　　　　　复核：林芬　　　　　开票人：许长春　　　　　销货单位：（章）

第一联：记账联

出 库 单

领用部门：销售部
领用用途：销售
　　　　　　　　　　　　　　　　　　　　　　　　　　2012年12月29日

品名	规格	单位	请领数量	实发数量	单价	金　额								
						百	十	万	千	百	十	元	角	分
6202 轴承		件	500	500										
合计				500										

仓库保管员：赵平　　　　　会计：张敏　　　　　领用人：王萍

中国工商银行

现金支票存根

XⅡ56857507

科目＿＿＿＿＿

对方科目＿＿＿＿

出票日期 2012 年 12 月 29 日

| 收款人：武铁分局 |
| 金额：¥720 |
| 用途：代垫运杂费 |

单位主管：　会计：

运费结算单

No.7826   2012 年 12 月 29 日

托运单位	台州市阳明机械制造有限公司	接收单位或运达地点	台州市飞康公司
运输货物	6202 轴承 500 件		
运费金额	人民币（大写）柒佰贰拾元整		
验收情况	如数收到	验收人：刘 中	
	承运单位：武铁分局 经手人：赵 洋		

项目 62：支付本月奖金

综合奖金结算汇总表

2012 年 12 月 29 日   单位：元

车间或部门	金　额	备　注
基本生产车间 修配车间 企业管理部门	6 725.00 250.00 1 070.00	
合计	8 045.00	

工资支付专用凭证（第三联：单位留底）

收款单位（或收款人）名称：台州市阳明机械制造有限公司	开户银行 中国工商银行台州市支行城东分理处							
支付金额	人民币（大写）捌仟零肆拾伍元整	十	万	千	百	十	元	角	分

	十	万	千	百	十	元	角	分
		¥	8	0	4	5	0	0

工资所属月份 12 月份本次职工人数__人	备注	
1. 标准工资（基本工资）__元		
2. 附加工资__元		
3. 粮食补助__元		
4. 副食品价格补贴__元		
5. 奖金__元		
6. 国家规定的津贴__元		
7. 本次领取的计划内临时工__人__元		

（印章：中国工商银行台州市支行 城东分理处 2012.12.29 业务专用章）

项目 63：销售产品，收银行承兑汇票

银行承兑汇票　2

签发日期：2012 年 12 月 30 日　　　　　　　　　　　汇票号码：30167

收款人	全　称	台州市阳明机械制造有限公司		承兑申请人	全　称	台州市三环公司	
	账　号	120707564563456			账　号	1202021119002654723	
	开户银行	中国工商银行台州市支行城东分理处	行号 101		开户银行	中国工商银行台州市西桥支行	行号 303
汇票金额	人民币（大写）壹拾壹万柒仟伍佰肆拾元伍角肆分					¥117 540.54	
汇票到期日	2013 年 5 月 30 日						

本汇票请送你行承兑，并确认《银行结算办法》和承兑协议的各项规定。此致 承兑银行 承兑申请人（盖章） 2012 年 12 月 30 日	承兑协议编号 3758	交易合同编号 8324
	汇票签发人（盖章）	科目（付）对方科目（收）转账日期 2012 年 12 月 30 日
本汇票经本行承兑，到期日由本行付交。承兑银行（盖章）2012 年 12 月 30 日		复核：　　　记账：

2000665451

验证码：37021950484039456670

增值税专用发票

No.01461318

开票日期：2012 年 12 月 30 日

购货单位	名　称：台州市三环公司 纳税人识别号：4414031954080212 地　址、电　话：台州椒江秋远路 86667902 开户行及账号：中国工商银行台州市西桥支行 12020211 19002654723	密码区	略

货物或应税劳务名称	规格型号	单位	数量	单价	金额	税率	税额
6202 轴承		件	1 500	40.50	60 750	17%	10 327.5
6203 轴承		件	584	68	39 712	17%	6 751.04
合计					100 452		17 078.54

价税合计（大写）	壹拾壹万柒仟伍佰肆拾元伍角肆分	（小写）￥117 540.54

销货单位	名　称：台州市阳明机械制造有限公司 纳税人识别号：4414021968102388 地　址、电　话：台州温岭青松路 81865358 开户行及账号：中国工商银行台州市支行城东分理处 120707564563456	备注	税号:4414021968102388 发票专用章

收款人：　　　　　复核：林芬　　　　　开票人：许长春　　　　　销货单位：（章）

第一联：记账联

出　库　单

领用部门：销售部

领用用途：销售

2012 年 12 月 30 日

品名	规格	单位	请领数量	实发数量	单价	金额								
						百	十	万	千	百	十	元	角	分
6202 轴承		件	1 500	1 500										
6203 轴承		件	584	584										
合　计				2 084										

仓库保管员：赵平　　　　　会计：张敏　　　　　领用人：王萍

项目 64：收到前欠货款

64-1 189

中国工商银行信汇凭证（收账通知或取款收据）4

委托日期：2012 年 12 月 30 日　　　　　　　　　　第　号

付款人	全称	台州市飞康公司			收款人	全称	台州市阳明机械制造有限公司										
	账号	12070708021245874				账号	120707564563456										
	汇出地点	省市县	汇出行名称	中国工商银行台州市西河支行		汇入地点	省市县	汇入行名称	中国工商银行台州市支行城东分理处								
托收金额	人民币（大写）壹万陆仟肆佰元整				千	百	十	万	千	百	十	元	角	分			
							¥	1	6	4	0	0	0	0			
汇出用途：前欠货款					留行代取预留收款人印鉴											
上列款项已进账，请持此联来行函洽。汇入行盖章 2012 年 12 月 30 日		上列款项已照收无误 收款人盖章 2012 年 12 月 30 日			科目（借） 双方科目(贷) 汇入行解汇日期 2012 年 12 月 30 日 复核：　出纳：　记账：											

项目 65：支付本季度利息；支付长期借款利息
　　　　　（此款用于扩建生产车间工程）

65-1 190

中国工商银行放款利息通知单（代付出传票）

2012 年 12 月 31 日　　　　　　　　　　No.5248

户名	台州市阳明机械制造有限公司	账户	120707564563456							
利息计算时间	2012 年 10 月 1 日起 12 月 31 日止	计息数	500 000	利率		月 9%				
利息金额	人民币（大写）壹万叁仟伍佰元整	十	万	千	百	十	元	角	分	
		¥	1	3	5	0	0	0	0	
备注： 上列利息以由你厂存款户扣收，中国工商银行台州市支行城东分理处。		科目 转账 2012 年 12 月 31 日 复核：　记账：　制单：								

内部转账单

2012 年 12 月 31 日

子目或户名	摘要	金额
利息	冲 10 月、11 月预提利息	9 000
合计		9 000

中国工商银行贷款利息通知单（第一联：支款通知）

2012 年 12 月 31 日   第 5451 号

存款	账号		贷款种类	积数金额	利率%	利息金额
	户名		贷款			
贷款	账号	120707564563456	长期贷款	122 000	9.5‰	1 159.00
	户名	台州市阳明机械制造有限公司				1 159.00
利息借合计　人民币（大写）壹仟壹佰伍拾玖元整						1 159.00
计息期 12 月	上列贷款利息已从你单位存款账户如数支付，请即入账。					

注：此贷款用于扩建生产车间。

项目 66：银行存款支付第四季度短期借款利息

中国工商银行存款利息通知单（代付出传票）

2012 年 12 月 31 日

户名	台州市阳明机械制造有限公司	账户	120707564563456
利息计算时间	2012 年 10 月 1 日起 12 月 31 日止	计息数：1 000.000	利率：月 0.006
利息借合计　人民币（大写）壹仟捌佰元整			1 800.00
	上列存款利息已从你单位存款账户如数支付，请即入账。		

项目 67：计提本月无形资产摊销额

67-1

无形资产分摊表

2012 年 12 月 31 日

车间或部门	专利权	备注	
管理部门	1 500		
合计	1 500		

项目 68：仓库报废清理，残料回收用于工程

68-1

固定资产报废单

2012 年 12 月 31 日   No.0001

固定资产名称及编号	规格型号	单位	数量	预计使用年限	已使用年限	原始价值	已提折旧	备注
仓库		栋	1	30	28	100 000	80 000	
固定资产状况及报废原因	因重建，提前报废。							
处理意见	使用部门		技术鉴定小组		固定资产管理部门		主管部门审批	
	因设施陈旧		情况属实		同意转入清理		同意报废重建	

68-2

材料入库单

收料单位：材料仓库   2012 年 12 月 31 日   No.

材料编号	材料名称	规格	计量单位	数量	实际成本		备注
					单位成本	总成本	
	红砖		块	200 000	0.10	20 000	固定资产清理的残料作重建出库专用
合计						20 000	

项目 69：计提本月职工工资

车间产品耗用工时报告表

2012 年 12 月

车间	产品	生产耗用工时	备注
基本生产车间	6202 轴承 6203 轴承	15 002 13 026	

工资发放汇总表

2012 年 12 月　　　　　　　　　　　　　　单位：元

基本部门、类型		职工人数	标准工资	应扣工资		各项补贴	应付工资	代 扣 款 项					实发金额
				缺勤事假	病假	食品补贴		水电费	家属医药费	伙食费	社会保险费	合计	
基本生产车间	生产工人	118	271 400	1 200	600.00	35 400	305 000	3 160.50	950	550	5 640	10 300.50	294 699.50
	管理人员	12	26 210	310	1 450.44	550	24 990.56	270	280	180	220	950	24 040.56
	小计	110	297 610	1 510	2 050.44	35 950	329 990.56	3 430.50	1 230	730	586	11 250.50	318 740.06
援外工程人员（技术转让）		1	7 800			220	8 020						8 020
机床大修工程		3	10 800			1 000	11 800						11 800
车间扩建工程		5	22 800	370.50	100	500	23 850	180		70.50	250	500.50	23 340.50
机修车间		5	7 400	270	80	250	7 620	30.50	140	80	100	350.50	7 260.50
企业管理部门		6	32 430	750	350	1 700	33 030.00	200.50	350	110.50	680	1 350.00	31 680.00
合计		150	378 840	4 410.50	2 580.44	39 620	414 310.56	3 841.50	1 720	1 791.50	1 616	13 451.50	400 841.06
医务室、托儿所		8	5 470	120	80	200	5 470	35			80	115	5 355
专设销售部人员		2	12 430			150	2 580		470			470	12 110
总计		160	396 740	4 530.50	2 660.44	39 970	422 360.56	3 876.50	2 190	1 791.50	1 696	13 566.50	418 306.60

项目 70：以库存现金对外捐赠，已收收据，未取得发票

浙江省台州市工商企业统一收款收据

收 据 联

2012 年 12 月 31 日

发票号码：13310185214
发票代码：00101745

缴款单位（人）		台州市阳明机械制造有限公司		
款项内容	捐赠	收款方式		现金
合计人民币（大写）	伍佰元整			¥500.00
备注		收款单位盖章		收款人签章

第二联：收据联

项目 71：低耗品报废退回仓库作其他材料回用

报废低值易耗品汇总表

2012 年 12 月 31 日

报废车间、部门	一次摊销本月收回残值	备注
基本生产车间 修配车间 行政管理部门	462 36 30	残值估价入库，其计划成本 528 元作其他材料处理。
合　计	528	

台州市阳明机械制造有限公司材料入库验收单

验收日期：2012 年 12 月 31 日

编号		11		类别		其他材料				
来源		残值入库		发票编号						
品名	规格	单位	数量		实际价格			计划价		
			来料数	实际数	单价	总价	运杂费	合计	单价	总价
			残料入库			528				528
合计										

供销主管：王朝阳　　　　验收保管：赵平　　　　采购：徐大明　　　　制单：赵平

项目 72：材料入库并结转材料成本差异

本月入库材料差异汇总表

2012 年 12 月 31 日

总账科目	明细科目	借方差异（超支）	贷方差异（节约）	备注
材料采购	元钢			
	铸铁			
	钢珠			
	燃料			
	低值易耗品			

注：先根据材料采购明细账的资料计算入库材料的材料成本差异，然后根据本表编制记账凭证。

项目 73：各车间、部门领用材料；部分材料改变用途，进项税进项转出

发料凭证分配汇总表

2012 年 12 月 31 日

总账科目	明细科目	本月领用的原料				
		元钢	铸铁	铁	钢珠	合计
生产成本—基本生产成本	铸铁					
	元钢					
	塑料					
生产成本—辅助生产成本	修配车间					
制造费用	物料消耗					
	劳保费					
管理费用	其他					
其他业务支出	技术转让					
	材料销售					
营业费用	物料消耗					
在建工程	扩建工程					
合计						

本月发出材料成本差异分配率

2012 年 12 月 31 日

总账科目	明细科目	本月领用的原料				
		元钢	铸铁	铁	钢珠	合计
生产成本—基本生产成本						
生产成本—辅助生产成本	修配车间					
制造费用	物料消耗					
	劳保费					
管理费用	其他					
其他业务支出	技术转让					
	材料销售					
营业费用	物料消耗					
在建工程	扩建工程					
合计						

增值税进项税额转出计算表

2012 年 12 月

科目编码	科目名称	计划成本	差异额	实际成本	增值税税率	转出金额
660216	管理费用—其他	785.5	20.6	764.9	17%	130.03
640203	其他业务成本—技术转让	840.2	3.6	836.6	17%	142.22
660103	销售费用—物料消耗	582.55	10.68	571.87	17%	91.22
160402	在建工程—扩建车间工程	826	−0.86	826.86	17%	140.57
合计		3 034.25	33.92	3 000.33	17%	510.06

项目 74：领用包装物及燃料

领用包装物、燃料汇总表

车间：基本生产车间   2012 年 12 月 31 日

产品、部门、项目	包 装 物			燃 料		
	计划成本金额	材料成本金额	材料成本差异额	计划成本金额	材料成本金额	材料成本差异额
6202 轴承	5 050.00	−0.5%	−25.25			
6203 轴承	2 647.00	−0.5%	−13.24			
生产车间—燃料				955.26	1.8%	17.19
合计	7 697.00	−0.5%	−38.49	955.26	1.8%	17.19

项目 75：本月低值易耗品的领用及摊销

低值易耗品领用及摊销表

2012 年 12 月 31 日

领用车间、部门	本月领用及应摊金额（分期摊销法）			本月领用及摊销额（一次摊销法）	
	上月领用本月应摊实际成本	计划领用计划成本	本月领用应摊销额	本月领用计划成本	材料成本差异额
基本生产车间	576.00	8 691.00	2 321.00	484.00	4.84
修配车间		1 640.00	482.00	75.00	0.75
行政部门	21.00	1 200.00	375.00	57.00	0.57
合计	597.00	11 531	3 178	616.00	6.16

项目 76：结转分配本月修配车间的辅助费用

76-1 208

辅助生产情况

产品、部门、项目	修配车间服务量（工时）
元钢	350
铸铁	400
基本生产车间	50
修配车间	
管理部门	100
车间扩建工程	100
合计	1 000

76-2 209

辅助生产费用分配表（直接分配法）

2012 年 12 月 31 日

受益产品、部门	修配车间		
	劳务数量（工时）	单位成本	应分配金额
元钢			
铸铁			
基本生产车间			
修配车间			
管理部门			
车间扩建工程			
合计			

项目 77：结算本月材料盘盈盘亏

材料盘盈（亏）报告表

2012 年 12 月 31 日

品名	规格	单价	计划单价	数量		金额	原因及处理
				盘盈	盘亏		
元钢		千克	2.10		120	252.00	自然耗损
铸铁		千克	1.40	290		406.00	原因待查
合计				290	120	658.00	

主管：王朝阳　　　　会计：张敏　　　　出库负责人：张航宇　　　　保管：赵平

项目 78：计提坏账准备

坏账准备提取表

2012 年 12 月 31 日　　　　　　　　　　　提取率：4%

项　　目	应收账款	坏账准备
月初结存金额		
月末结存金额及提取数		
本月提坏账准备金额		

项目 79：经批准其他应付款（广发公司）转入：营业外收入账户

79-1   212

内部转账单

2012 年 12 月 31 日   第 号

户名	摘 要	金额	备注
广发公司	经批准其他应付款转："营业外收入"账户	3 200.00	单位解散

项目 80：结转本月固定资产报废、出售净损益

80-1   213

内部转账单

2012 年 12 月 31 日   第 号

摘要	金额	备注
转销、盘亏机器设备净值		
转销正常报废机器一台的清理净损失		经批准转销
合 计		

项目 81：结转本月制造费用

81-1   214

基本生产车间制造费用分配表

2012 年 12 月 31 日

产品	生产工时	分配率	应分配金额
6202 轴承			
6203 轴承			
合计			

项目 82：结转本月产品入库成本

生产情况报告表

编报单位：基本生产车间   2012 年 12 月

产品名称	单位	月初在产品	本月投产	本月完工入库	不合格废品	月末在产品	在产品完工程度
6202轴承	件	80	3 920	3 500	10	500	50%
6203轴承	件	80	1 530	1 500	10	100	50%

制单：

注：原材料均为一次投料。

产品入库汇总表

编报单位：成品仓库   2012 年 12 月

编号	品名	规格	单位	数量	备　注
	6202 轴承		件	3 500	
	6203 轴承		件	1 500	

主管：   记账：   保管：

生产成本计算表

完工产品：　　件

产品名称：6202 轴承   2012 年 12 月   在产品：　　件   完工程度：　　%

摘　要	成 本 项 目				合　计
	直接材料	直接人工	制造费用	其他	
月初产品成本					
本月发生费用					
生产费用合计					
约当产量					
单位成本					
完工数量					
完工产品数量					
月末在产品成本					

注：根据生产成本明细账编制生成。本计算表计算完工产品成本，然后将完工成品成本进行结转，原材料为一次投料。

生产成本计算表

产品名称：6203 轴承　　　　　　　2012 年 12 月　　　在产品：　　件　　完工产品：　　　　件　　完工程度：　　　%

摘　要	成　本　项　目				合　计
	直接材料	直接人工	制造费用	其他	
月初产品成本					
本月发生费用					
生产费用合计					
约当产量					
单位成本					
完工数量					
完工产品数量					
月末在产品成本					

注：根据生产成本明细账编制生成。本计算表计算完工产品成本，然后将完工产成品成本进行结转，原材料为一次投料。

项目 83：结转本月已销售产品成本

产品销售汇总表

2012 年 12 月 31 日

项　目	6202 轴承		6203 轴承		合计
	数　量	金　额	数　量	金　额	
月初结存					
本月入库					
加权平均单价					
本月销售产品制造成本					

项目84：收到客户定金

浙江省台州市工商企业统一收款收据

收 据 联

发票号码：120145789
发票代码：10105476

2012 年 12 月 31 日

缴款单位（人）	台州市五清公司		
款项内容	预收定金	收款方式	现金
合计人民币（大写）	壹仟伍佰元整		¥1 500.00
备注		收款单位盖章	收款人签章

第二联：收据联

中国工商银行现金存款凭证

2012年12月31日

存款人	全 称	台州市阳明机械制造有限公司		款项来源									
	账 号	120707564563456											
	开户银行	中国工商银行台州市支行城东分理处		交 款 人				崔敏					

金额	人民币（大写）壹仟伍佰元整	千	百	十	万	千	百	十	元	角	分
						¥	1	5	0	0	0	0

票面	张数	票面	张数	票面	张数
100元	15	5角			
50元		2角			
20元		1角			
10元		5分			
5元		2分			
2元		1分			
1元					

复核：   经办：

第二联：回单联

项目85：收客户承兑汇票

85-1

浙江省台州市工商企业统一收款收据
收 据 联

2012 年 12 月 31 日

发票号码：1201457877
发票代码：10105474

缴款单位（人）		台州市光明公司	
款项内容	预收款	收款方式	承兑汇票
合计人民币（大写）	壹万元整		￥10 000.00
备注		收款单位盖章	收款人签章

第二联：收据联

85-2

银行承兑汇票

签发日期 2012 年 12 月 31 日　　　　　　　　　第 21 号

收款人	全 称	台州市阳明机械制造有限公司	付款人	全 称	台州市光明公司
	账 号	120707564563456		账 号	12020211194578455755
	开户银行	中国工商银行台州市支行城东分理处　行号 3101		开户银行	中国工商银行台州市支行椒江分理处　行号 3021

汇票金额 人民币（大写）壹万元整	千	百	十	万	千	百	十	元	角	分
			￥	1	0	0	0	0	0	0

汇票到期日	2013 年 5 月 31 日	交易合同码	

本汇票请你行承兑，并及时将承兑汇票寄到我单位

承兑人
收款人盖章
盖章　经办

王阳林印

备注：年利率 10%

项目 86：计算并结转本月应交未交增值税

增值税纳税申报表（适用于增值税一般纳税人）

根据《中华人民共和国增值税暂行条例》第二十二条和第二十三条的规定制定本表。纳税人不论有无销售额，均应按主管税务机关核定的纳税期限按期填报本表，并于次月壹日至十日内，向当地税务机关申报。

税款所属时间：自　年　月　日至　年　月　日　　　填表日期：　年　月　日　　　金额单位：元至角分

纳税人识别号				所属行业			
纳税人名称	章（公章）		法定代表人姓名		注册地址		营业地址
开户银行及账号			企业登记注册类型			电话号码	
项　目		栏　次		一般货物及劳务		即征即退货物及劳务	
				本月数	本年累计	本月数	本年累计
销售额	（一）按适用税率征税货物及劳务销售额	1					
	其中：应税货物销售额	2					
	应税劳务销售额	3					
	纳税检查调整的销售额	4					
	（二）按简易征收办法征税货物销售额	5					
	其中：纳税检查调整的销售额	6					
	（三）免、抵、退办法出口货物销售额	7					
	（四）免税货物及劳务销售额	8					
	其中：免税货物销售额	9					
	免税货物销售额	10					
税款计算	销项税款	11					
	进项税额	12					
	上期留抵税额	13					
	进项税额转出	14					
	免抵退货物应退税额	15					
	按适用税率计算的纳税检查应补缴税额	16					
	应抵扣税率计算的纳税检查应补缴税额	17=12+13−14−15+16					
	实际抵扣税额	18（如 17<11，则为 17；否则为 11）					
	应纳税额	19=11−18					

项 目		栏 次	一般货物及劳务		即征即退货物及劳务	
			本月数	本年累计	本月数	本年累计
税款计算	期末留底税额	20=17−18				
	按简易征收办法计算的应纳税额	21				
		22				
		23				
		24=19+21−23				
税款缴纳	期初未缴税额（多缴为负数）	25				
	实收出口开具专用缴款书退税额	26				
	本期已缴税额	27=28+29+30+31				
	1 分次预缴税额	28				
	2 出口开具专用缴款书预缴税额	29				
	3 本期缴纳上期应纳税额	30				
	4 本期缴纳欠缴税额	31				
	期末未缴税额（多缴为负数）	32=24+25+26−24				
	其中：欠缴税额（≥0）	33=25+26−27				
	本期应补（退）税额	34=24−28−29				
	即征即退实际退税额	35				
	期初未缴查补税额	36				
	本期入库查补税额	37				
	期末未缴查补税额	38=16+22+36−37				

授权声明	如果你已委托代理人申报，请填写下列资料：	申报人申明	此纳税申报表是根据《中华人民共和国增值税暂行条例》的规定填报的，我相信它是真实的、可靠的、完整的。
	为代理一切税务事宜，先授权（地址）为本纳税人的代理申报人，任何与本申报表有关的往来文件，都可寄予此人。		
	授权人签字：		

以下由税务机关填写

收到日期：　　　　　　　　接收人：　　　　　　　主管税务机关盖章：

项目87：计算并计提本月各地方税费

浙江省地方税（费）纳税综合申报表

填报日期：　　年　　月　　日

纳税人全称（盖章）		地税编码		经济类型		财务负责人	
营业地址		开户银行		银行账号		电话号码	

税（费）种	税（费）目	所属时期	应税收入	应税减除项目金额	计征依据（金额或数量）	免税收入	税（费）额	本期应纳税（费）额	被扣缴税额	减免税（费）额		批准缓缴税额	前期多缴税额	本期已纳税额	本期应补（退）税额	缴费人数
							税（费）率或单位税			无须审批	审批类					
1	2	3	4	5	6	7	8	9=6×8	10	11	12	13	14	15	16=9-10-11-12-13-14-15	17
合计	—	—	—	—	—		—									

纳税人声明	本单位(公司、个人)所申报的各种税费款真实、准确，如有虚假内容，愿承担法律责任。法人代表（业主）签名：　　年　月　日	授权人声明	我(公司)现授权_____为本纳税人的代理申报人，其法人代表_____电话_____，任何与申报有关的往来的文件，都可寄此代理机构。委托代理合同号码：授权人（法人代表、业主）签名：　　年　月　日	代理人声明	本纳税申报表是按照国家税法和税务机关规定填报，我确信其真实、合法。代理人（法人代表）签名：经办人签名：（代理人盖章）　　年　月　日	备注
税务机关填写	受理申报日期：　　年　月　日　　受理人签名：			录入日期：　　年　月　日　　录入员签名：		

注：城建税税率7%，教育费附加5%，水利建设基金税率1‰，计税依据营业收入，印花税的计税依据是营业收入的80%，税率是0.3‰。

项目 88：计算本年的应缴税所得额及应纳所得税额，并计提所得税费用（税率 25%）

88-1

企业所得税年度纳税申报表

税款所属期间：　　年 月 日至　　年 月 日

纳税人识别号：□□□□□□□□□□□□□□□　　　　　　　　金额单位：元（列至角分）

纳税人名称：	行次	项目	金额
收入总额	1	销售（营业）收入（请填附表一）	
	2	投资收益（请填附表三）	
	3	投资转让金收入（请填附表三）	
	4	补贴收入	
	5	其他收入（请填附表一）	
	6	收入总额合计（1+2+3+4+5）	
扣除项目	7	销售（营业）成本（请填附表二）	
	8	主营业务税金及附加	
	9	期间费用（请填附表二）	
	10	投资转让成本（请填附表三）	
	11	其他扣除项目（请填附表二）	
	12	扣除项目合计（7+8+9+10+11）	
应纳税所得额的计算	13	纳税调整前所得（6－12）	
	14	加：纳税调整增加额（请填附表四）	
	15	减：纳税调整减少额（请填附表三）	
	16	纳税调整后所得（13+14－15）	
	17	减：弥补以前年度亏损（请填附表六）（17≤16）	
	18	减：免税所得（请填附表七）（18≤16－17）	
	19	加：应补税投资收益已缴所得税额	
	20	减：允许扣除的公益救济性已缴所得税	
	21	减：加计扣除额（请填附表九）（21≤16－17－18+19－20）	
	22	应纳税所得额（16－17－18+19－20－21）	
应纳所得税额的计算	23	适用税率	
	24	境内所得应纳所得税额（22×23）	
	25	减：境内投资所得抵免税额	
	26	加：境外所得抵免税额（请填附表十）	
	27	减：境外所得抵免税额（请填附表十）	
	28	境内、外所得应缴所得税额（24－25+26－27）	
	29	减：减免所得税额（请填附表七）	
	30	实际应纳所得税额（28－29）	
	31	汇总纳税成员企业就地应预缴的所得税额（30×31）	
	32	减：本期累计实际已预缴的所得税额	
	33	本期应补（退）的所得税额	
	34	附：上年应缴未缴本年入库所得税额	

纳税人声明：此纳税申报表是根据《中华人民共和国增值税暂行条例》及其实施细则和国家有关税收规定填保单，是真实的、完整的。

法定代表人（签字）　　　　　　　年 月 日

纳税人公章： 经办人： 申报日期： 年 月 日	代理申报中介机构公章： 经办人执业证件号码： 代理申报日期： 年 月 日	主管税务机关受理专用章： 受理人： 受理日期： 年 月 日

参 考 文 献

[1] 财政部会计司编写组. 企业会计准则讲解[M]. 北京：人民出版社，2007.
[2] 财政部会计司编写组. 企业会计准则应用指南[M]. 北京：人民出版社，2007.
[3] 何日胜，胡鲜葵，梅雨. 手工会计实习操作[M]. 上海：立信会计出版社，2007.
[4] 任延东. 会计岗位综合实训[M]. 北京：高等教育出版社，2004.
[5] 刘光辉，李红梅. 会计学原理实训教程[M]. 北京：清华大学出版社，2012.